第1章
GIGA スクール時代の
ICT 活用

学びを止めないために
すべての児童生徒に
先進的な学習環境を

（一社）ICT CONNECT 21 会長
東京工業大学名誉教授

赤堀 侃司

1. 予期せぬ出来事

　新型コロナウイルスパンデミックによって，世界中の膨大な数の子供たちは家庭学習を余儀なくされました。"Stay home" とは，まるで引きこもりを推奨しているかのような響きがありますが，人の命には代えられないという拒否できない要請によって，3か月間も休校が続きました。家庭は，学校と異なることは言うまでもありません。家庭には，担任の先生，友達，朝礼，給食，図書館，体育館，校庭，校則などすべてない世界です。思えば学校という存在は，なんと素晴らしい環境であるかに気付きました。と同時に，学校とは何か，教員とは何か，友達とは何かを，教員にも子供たちにも問いかけたと言っても良いと思います。

　その家庭と学校をつなぐ道具がパソコンであり，その学習形態の1つがオンライン学習であることを思えば，パソコンやネットワーク環境の大切さは言うまでもありません。国の GIGA スクール構想によって，「1人1台のパソコン」は，教育関係者の標語になり，社会的にも大きな反響を呼んだのは，最近の出来事でした。そしてコロナ禍によって休校が続く中，「子供の学びを止めない」は，文部科学省や経済産業省のホームページに掲げられ，オンライン学習がいくつかの地域や学校で見られるようになりました。オンライン学習は，その意味で「子供の学びを止めない」と「1人1台のパソコン」の両標語が結び付いて登場した学習形態と言えます。

　文部科学省では，GIGA スクール構想を前倒しにして，令和2年度中に「1人1台のパソコン」が実現することになりました。このような事態は，教育委員会も学校も経験したことは，たぶんないと思います。その意味で，日常ではなく非常時なのかもしれません。それがどのような意味をもつのか，そしてオンライン学習に必須な道具であるパソコンを含めた学習環境をどう捉えればよいかを，本小論で述べたいと思います。

2. 予定外にどう対応するか

　かつて文部科学省の ICT 環境の整備計画では，「3クラスに1クラス分のパソコン」が標準仕様でした。現状では5人に1台程度のパソコン整備率で，しかも自治体間の差が極めて大きく，日本全体の学校を対象にした場合，どのくらいの年数で目標に達成するのか，とても計算するのは不可能だとも言われました。しかし GIGA スクール構想の閣議決定によって，小中学校すべての児童生徒に，1人1台のパソコン整備を4年間で実現するという，世界でトップの ICT 環境を目指すという構想に，「3クラスに1クラス分のパソコン」という整備計画は，吹っ飛んでしまいました。さらに今回のオンライン学習を実現するためにも，分散登校を通常登校に戻すためにも，学習の遅れを戻すためにも，GIGA スクール構想は，令和2年度中に実現するという大幅な前倒しによって，担当事務局や担当指導主事の先生方も忙殺されているのが現状だろうと思います。

　すべてが予定外の出来事です。これまで積み上げてきた計画を，元の地点に戻さなくてはなりません。予算もサーバ設置計画も校内 LAN 整備も教員研修も，すべてを「ご破算」にしなければなりません。一からやり直しになることで，担当責任者の嘆きの声が聞こえてきそうです。

　しかし，世界中の子供たちは，すでにご破算を経験しているのです。Stay home とは，お昼休みや授業時間休みは校庭に出て元気に遊ぼう，という，これまでの活動の考え方とは真逆な趣旨です。しかし，人の命という重みを思えば，これまでの考え方を変えて，真逆の方針を受け入れて，見えないコロナとの戦いを子供なりに経験しました。大人も同じだろうと思います。

　先に書いたように，学校には，先生がいて，友達

がいて，図書館があって，給食があって，花壇があって，飼育小屋があって，まるで天国のような環境でした。そこから離れる時，どうすれば学びを止めないようにできるのか，子供なりに経験したのです。大人も教員も教育委員会も，予定外への対応の仕方を再考しなければなりません。

　学校とはこのようなもの，という考え方をメンタルモデルと言います。人はどうしても自分のメンタルモデルにとらわれます。長く経験すると，自分のメンタルモデルに縛られるのは，それが善いとか悪いとかの善悪の問題ではなく，無意識的に考えてしまうのです。そのとらわれから逃れるには，予定外に出くわした時，これまでのプログラムを捨ててしまうという考えがあります。もう一度作り直すのです。現実には多くの大人も経験しています。大人も在宅勤務になって初めは戸惑いましたが，数か月もすると慣れて元に戻りたくないという声が多くなっています。もう一度原点に戻って，プログラムを考え直してみる必要があります。

3．「1人1台のパソコン」とは

　そもそも，何故1人1台なのでしょうか。GIGAスクール構想を閣議決定したから，意味は分からないが従っているだけだ，と言えば教育者としての主体性はありません。そもそも学校にパソコンは不要だと思っている先生も，現実には多いと聞いています。パソコン不要論の多くは，学習効果がない，これまでの教え方で十分だ，パソコンは苦手だ，機械が教育に関わること自体に反対だ，などと言われます。それが，その先生のメンタルモデルなのです。在宅勤務を経験したことのないサラリーマンに似ています。先に書いたように，在宅勤務の経験者は，初めの不安は忘れて，もっと続けたいという声が多いのです。大学のかなりの授業がオンライン授業ですが，私が知る限り，初めはかなり戸惑ったがほぼ定着しているようです。世界にはいろいろな職業があり，いろいろな考え方があり，それを理解することで，経験することで，自分のメンタルモデルが変わるのです。

　「1人1台のパソコン」は，学習効果もさることながら，社会がモデルになっているからです。子供たちは学校にいるだけの人生ではありません。学校は準備期間であって，本番の舞台は社会です。社会で活躍できるように，学校という練習場で稽古をしているのですから，練習効果を求めるなら，どうしても社会という舞台と稽古場が連結していなければなりません。稽古は上手だが舞台では落第だ，では，学校の役割は果たしていません。かくして，新学習指導要領でも，「生きて働く知識」という言葉で，学校の役割を表現したのです。

　パソコンも同じです。企業ではパソコンは道具なので1人1台は当たり前で，「いつでもどこでも」情報にアクセスできる環境を提供しています。かつてパソコンはデスクトップと言われ，机の上にある道具でしたが，今日では，「いつでもどこでも」という考え方から，モバイルパソコンになって机に固定されるパソコンのイメージではなくなりました。写真1は，つくば市立みどりの学園義務教育学校の職員室の光景です。

▲写真1　みどりの学園義務教育学校の職員室

　学校の職員室のメンタルモデルは，机の上に書類や教科書やノートや教材などが山積みされて，作業できる空間は極めて狭く，対面に座っている同僚の先生方も机越しに見えないような大部屋というイメージでした。しかし私の驚きは，この学校がそのメンタルモデルを捨てたことにありました。社会とつながるとは，このことかと感じました。学校とは…，という旧来のプログラムを捨てて，社会につながる学校になろう，世界の明日が見える学校になろう，という学校目標を掲げたのです。

　1人1台のパソコン整備計画は，子供が学校で学んだ知識が社会でも生きて働くように，という目的に向かっているからです。

4．パソコンは誰のものか

　かつてアメリカの大学では，学生たちがラップトップコンピュータを持って，キャンパス内を闊歩する光景が流行っていました。写真2は，カリフォルニア大学アーバイン校のキャンパス風景です。

▲写真2　カリフォルニア大学アーバイン校

　学生たちは，リュックサックを背負い，パソコンを手に抱え，教室や図書館に行き，学内のカフェテラスでも芝生に座ってもパソコンを開き，触っていました。学生だけでなく教授も同じスタイルで，よく談笑していましたが，その内容もほとんどが研究的で，大学のキャンパスとはこのような世界なのだと感じたことがあります。私事で恐縮ですが，四半世紀以上前の光景が今でも目に浮かびます。緑の芝生，カリフォルニアの青い空，そしてパソコンが，大学キャンパスによく似合っていて，私は日本の学校もこのような光景になったら，どれほど心地良いだろうかと思っていました。私は，これをキャンパスモデルと名付けて，自分だけの楽しみの呼び名にしていましたが，それはどこか自由とか未来に憧れる気持ちがあったからだと思います。

　「1人1台のパソコン」は，その自由と未来を感じさせてくれます。パソコンで学ぶのは，基本的に自由が背景にあります。その典型は，例えばプログラミング教育です。プログラムをコーディングする時，1人1台でなければ不可能です。そばで見ているだけでは何も興味は湧きません。何も学習しません。自由に自分を表現するのです。舞台に立って役者に演じさせるディレクターかシナリオライターの仕事が，プログラムを書くことです。スクラッチでは，そのシナリオをスクリプト（台本）と呼んで

います。

　パソコンは，初めはデスクトップという机の上で仕事をする道具でしたので，機能が重視されました。膝の上に乗せられるラップトップになって，パーソナルなコンピュータという個人の道具になり，自分のモノになったのです。学生たちは，まるで自分の伴侶でもあるかのように，いつも手元に持っていました。自分のモノとは，服や靴や腕時計と同じように，自分の好みで選ぶようになって，そこに自分のすべての知的財産をためるようになりました。やがて，そのパソコンはインターネットとつながり，クラウドとつながるようになって，単独のモノから世界とつながるモノに発展していきました。

　パソコンは誰のものか，という問いは，学校では子供です。公費で購入するので，国や自治体の所有物であることは間違いありませんが，使う人によって，その価値は雲泥の差が生じてきます。「1人1台のパソコン」は，自分のモノという意味をもっていると書きました。とすれば，パソコンは子供の手に渡さなければなりません。自分を表現する道具，世界とつながる道具を，自分のモノとして活用することで，子供の能力は広がっていきます。キャンパスモデルのように，自由に羽ばたくことができます。

　いろいろな制約をつけて，パソコンを保管庫にしまっておいてはいけません。制約とは，人が決めた約束事であり，約束事は話し合いによって変えることができます。パソコンは誰のものか，それは保管庫にしまっておくことでもなく，人が決めたセキュリティガイドラインという約束事によって縛られることでもなく，学校のモノでもないことは言うまでもありません。子供の学びのためという目的のために必要な仕組みや装置が，セキュリティガイドラインや保管庫であることを思えば，手段と目的を混同して，子供にパソコンを渡さないことがあってはなりません。

5．どのように整備計画を実行するのか

　自治体の責任者や学校の責任者の頭の痛いことが，この整備計画にあると思います。どのように予算を組めばよいのか，どのように調達計画を立てればいいのか，どのように教員研修を組めばいいのか，これまで経験したことのないような巨額の予算が必

要になるので不安になるとか，どこか逃げたくなるような気持ちがあるかもしれません。学校の教員であれば，1人1台になったらどう指導したらいいのか，経験したことがないので不安だという声もあると思います。無理もありません。初めてのことは誰でも不安になります。

しかし世の中で起きることは，すべて初めてのことが多いのです。学校を転勤すれば新しい環境，教育委員会に赴任すれば新しい仕組み，学年が違えば新しい子供たち，海外赴任すれば文字どおり新しい生活などのように，大なり小なり人は新しい世界に生きています。その生きるすべを，行政からも周囲の人からも援助を受けながら，学んでいきます。チャンスはいくらでもあります。

ある学校では，どうしても予算が足らず，その学校の卒業生に訴えて寄付金を集めて調達したと聞きました。ある地域では，クラウドファンディングで予算を確保しました。私事で恐縮ですが，コロナ禍の中で，子供たちの在宅勤務と孫たちの休校が不安になって，私が先生役になって3家族10名でオンライン学習を週1回2か月間実施しました。実に楽しい経験でした。考えれば，いろいろな方法に気が付きます。調達には共同調達の方法もありますし，文部科学省も教育団体も手を差し伸べています。相談窓口は用意していますが，その多くは，困っている，不安だという声だけが先行して，チャンスを見逃しているか気が付いていないことが多いのです。一般社団法人 ICT CONNECT 21 という教育団体があります。そこでは，GIGA スクール構想推進委員会を作って，自治体の支援をしています。

図1のように，都道府県をクリックすれば，自治体ごとの状況が分かります。また新着情報として，市町村単位の取り組み状況が掲載されていますので，参考になると思います。どのように計画を立てているのか，どのような課題があるのかなど，他の地域の取り組みを参考にすれば良いのです。

世の中は捨てたものではありません。困ったことがあれば，お互いが手を差し伸べて協力します。困ったこと，課題があること，どうにもならないこと，それはチャンスかもしれません。先に書きましたように，これまでどおりでは問題解決できないかもしれません。前のやり方や考え方をそのまま踏襲するのではなく，むしろそのプログラムを捨てて，メンタルモデルを変えることで，新しい世界を知ることができるかもしれないのです。

私の知っている大学教員のほとんどが，オンライン学習を実施していますが，これほど学生の ICT リテラシーが高いとは思わなかった，講義だけでは15分くらいしかもたない，休校措置になって学生は，パソコンを買ってスマホから離れた，著作権についてよく知るようになった，一斉講義からグループ学習や課題ベースの授業に変えた，など多くの教訓と実践知を得ています。講義だけに執着していた教員も，その信念が変わりました。

「1人1台のパソコン」も同じ状況を生み出すことを期待しています。教員が教えるスタイルから，子供が学ぶスタイルへの転換です。子供が考え，子供が追求し，子供が疑問をもち，子供が対話し，問題解決する姿への転換です。それは，GIGA スクール構想とコロナパンデミックスがもたらす突然変異による教育進化かもしれないのです。

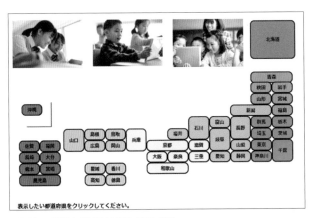

▲図1　GIGA HUB WEB の画面例
https://giga.ictconnect21.jp/

アフターコロナ時代の
ICT 活用とは

東北大学大学院情報科学研究科
教授

堀田 龍也

1. コロナ禍で顕在化した教育基盤の脆弱性

新型コロナウイルス感染症の広がりにより，学校が臨時休業となる事態となりました。3月に始まった学校の休業が4月・5月と長引くことによって，学校だけでなく子供も保護者も学習保障の不安が募るようになっていきました。文部科学省は未曽有のこの事態に対し，対応の基準を示し，更新し続けました。そこで注目されたのが，いわゆるオンライン授業の取り組みでした。

在宅が続いて不安になりがちな子供たちが，友達や先生とつながることができ，会話だけではなく意見共有などによる学習ができ，一定の効果が認められました。

しかし，残念なことに，学校の ICT 環境整備が不十分であったために，緊急事態にもかかわらず，週に1回の電話でしか子供たちとつながることができなかった学校もたくさんありました。オンライン授業に踏み切れなかった理由で最も多かったのは「端末や Wi-Fi が備わっていない家庭があって不公平になる」でした。

もちろん，オンライン授業ができなかった学校の先生たちも，子供たちの学びを止めないために涙ぐましい努力を続けていました。なかには，プリントを大量に印刷し，学級の全家庭のポストに投函し，子供と直接接触しないように離れたところから電話で確認する例もありました。オンラインなら，印刷も最低限でよく，家庭を訪問する手間も不要で，電話と違って顔を見ながら学級の子供たちと同時に話

すことができるのに，オンライン授業ができないために先生たちは大変な苦労をしたということになります。

このことは，我が国の教育基盤の脆弱さを物語っています。すべての子供が時刻どおりに学校に来て，そこに教師がいて，あらかじめ決められた時間に，決められた教室で，決められた教科等を学ぶことが大前提であり，それ以外の教育サービスはあまり検討されていなかったということが，今回のコロナ禍によって可視化されたのです。多様性が認められる今日であっても，一様な教育基盤にとどまってしまっていることに疑問を感じてこなかったということでもあります。

緊急事態宣言が地域によって解かれるようになり，分散登校を中心に学校の再開に向かうことになりました。しかし，登校できない時間の学習保障の必要性は，これからも続くことになります。第2波・第3波についても予断を許さない現状があります。したがって，学校が再開されたからといってオンライン授業の必要性はなくなるものではありません。むしろ学校が再開しているうちに，オンライン授業という教育基盤をしっかりと整備しておく必要があるのです。

2. これからの時代を想定する

例えば，銀行からお金を引き出す場合，普通はATM を使うことでしょう。この ATM がやっていることは，かつては銀行の窓口で人間がやっていたことです。通帳とハンコを持って，窓口でお金を引き出す手続きをしていたのです。つまり，ATM は人間の仕事を機械が代行していることになります。

JR の切符の発券も，レストランなどの予約も，今では多くの人が場所に関係なくネット予約をしています。予約代行の仕事をしていた人たちの職は確実に無くなっているのです。職を失った人たちは，次の職を得るために自己の資質・能力を再点検し，キャリアアップを重ねていったことでしょう。転職は今や常識となっています。

しかも先進諸国で最も早く人口減少社会を迎える我が国では，急速な労働人口の激減が想定されています。これからの時代は，情報技術の発展を理解し，必要な仕事の一部をそれらに任せ，人間は人間でこ

そ行うべき職に就くという時代を迎えます。これに対応した資質・能力を今の子供たちに身に付けさせる必要があるのです。それが今日の学校教育の役割なのです。

このような時代に生きる子供たちを育てなければならない学校なのに、いつまで旧来の価値観や枠組みを踏襲しているのでしょうか。もちろん、これまでの学校教育の良さは保つべきです。例えば、授業力の高い教師による一斉授業は、我が国の貴重な教育資産でもあります。しかし、だからといって、先生に教えてもらわなければ学べない子供たちにしてはならないはずです。教えながらも教えない、一見矛盾するようですが、自律的に学ぶといった未来志向の教育をしなければなりません。

コロナ禍の緊急事態でさえ、オンライン授業ができなかった学校が存在するという事実は、学校教育の基盤となるインフラが前時代的なままであることを意味しています。スマホを使ってお年寄りが孫とテレビ電話ができるこの時代に、学校のICT環境ではオンライン授業ができなかったのです。確かに多くの先生たちはオンライン授業の経験がありませんでしたが、スマホの所持率は相当高かったはずであり、日常生活においてはテレビ電話の経験もそれなりにあったでしょう。オンライン授業が実施できなかったのは、子供たちの学習の場であり、先生たちの職場である学校が、世間並みのインフラ整備すらできていなかったからなのです。

インフラの整備が、暮らしを変えるのです。未来を生きる子供たちを育てる学校のインフラ整備が、世間のそれより遅れていてはならないのです。

3．学校のICT環境整備の最新動向

2019年6月28日に「学校教育の情報化の推進に関する法律」が公布され、即日施行となりました。この法律の施行は、我が国の学校教育において極めて大きな分岐点になります。

この法律の第3条・基本理念には「家庭の経済的な状況、居住する地域、障害の有無等にかかわらず、等しく、学校教育の情報化の恵沢を享受し、もって教育の機会均等が図られるよう行われなければならない」と書かれています。この条項は、教育基本法が定める教育の機会均等に対して、高度情報通信ネットワーク社会においてどのように対応していけばよいのかという点に対して、基本的な考え方を示しているものです。「教育の機会均等」のために、情報化を活用するということです。

この法律の制定により、今後、学校教育におけるICT環境整備は格段に進むと考えられています。整備の次は活用、そして能力育成です。デジタルと体験学習等の従来の指導をどのように適切に組み合わせて学習指導を進めるかについては、教員養成、教員研修にまたがる課題です。その結果によって身に付く情報活用能力は、十分なICT活用経験によってこそもたらされる能力です。さらに今後は、コンピュータ使用型テスト（CBT：Computer Based Testing）等の推進によって、学力および情報活用能力の程度が常に評価可能であるように準備していくことが検討されています。

国が子供たち1人1台の情報端末を持たせようとしていたのは、何もコロナウイルス感染症が流行したからではありません。2010年頃までは、学校の普通教室に大型提示装置をそろえるという、いわば「教室の情報化」が推進されてきました。これは、子供たちに分かりやすい授業を提供しようということが主たる狙いでした。基礎学力の保障が社会課題だったという背景もあります。

2010年以降は、次第に子供が情報端末を活用することを主眼とした ICT 環境整備に移行していきました。これはいわば「学習活動の情報化」です。子供たちが ICT を学習の道具として活用するには、ICT の基本的な操作スキルを身に付けさせておく必要があります。そのスキルを使って授業のいろいろな場面で様々なリソースにアクセスさせ、自分で調べ、友達と情報を比較し、協働で問題を解決していくような姿が求められるようになっていきました。「フューチャースクール」という、子供たち全員に1人1台の情報端末を持たせた研究指定校がスタートしたのも2010年でした。

学校現場のICT環境整備は、国ではなく設置者である自治体の役割です。しかし、多くの自治体では、「教室の情報化」すらなかなか進みませんでした。教室にICTは必要なのか、黒板ではダメなのかという無理解な意見が多くありました。自分たちの子供の時代に受けた教育が原則となってしまうの

です。実物投影機を早々と全教室に設置し，学力向上を果たした自治体もある中，2020年の今でもまだ教室に大型提示装置すら完全配備されていない自治体もあります。

同様に，「学習活動の情報化」もイメージできなかったようで，今度は紙と鉛筆で勉強した方が頭に入るのではないかといった意見が多くありました。やはり自分たちの子供の時代に受けた教育が原則となってしまうのです。これだけ情報化した社会で生き抜いていくことになる子供たちに，学校教育の段階からしっかりと身に付けさせなければならない能力をイメージできないのです。

その結果，先見の明がある自治体と，ICT環境整備を先送りする自治体との間に大きな整備格差が生じてしまいました。これに追い打ちをかけるように，OECDのPISA（生徒の学習到達度調査）やTALIS（国際教員指導環境調査）でも，日本の子供たちの学習場面でのICT活用の頻度，経験が，OECD諸国で最下位であることがマスコミでもさかんに報道されました。これを問題視した国は，学校のICT環境整備の予算を増額して対応しましたが，整備の資金は地方交付税交付金となっているために，結局は自治体間格差は縮まらなかったのです。

そんな状況を見かねた政府は，これからの時代の学校のICT環境整備を急速に改善するため，令和2年12月13日に「GIGAスクール構想」を閣議決定し，補正予算案として2,318億円が盛り込まれることになりました。「GIGAスクール構想」は，児童生徒に対する1人1台の学習用の情報端末と，高速大容量の校内通信ネットワークを一体的に整備する構想であり，義務教育段階の児童生徒に対して令和2年度から令和5年度までの4年間で情報端末を整備（国が1台あたり最大4.5万円の補助）するほか，これらがいつでもネットワークに接続されクラウドをデフォルトとして活用できる学習環境を実現するための高速大容量の通信ネットワークを整備（国が整備費用の2分の1を補助）するというものです。この結果，各自治体はおおむね2割程度の負担で学校のICT環境整備ができることとなり，整備のハードルが大きく下がったのです。

さらにコロナ禍による緊急経済対策補正予算には，GIGAスクール構想を令和2年度中に前倒しで完了させるために，さらに2,292億円が確保され，国は非常に速い勢いで動いています。この機会を利用して適切なICT環境整備を行うことは，自治体や教育委員会の重要な使命です。

4．人口減少社会に備えることを想定した学習指導要領

私たちの身の回りには，エアコンやロボット掃除機，自動ドアや自動販売機など，センサーやプログラムによって機械が動いているものが数多く存在しています。近年話題となっている車の自動運転，人工知能（AI）やロボットなどの活用はこの延長上のことであり，今や特別な話ではありません。今後は，無数のセンサーとビッグデータによって，テクノロジーがより知的かつ高度に私たちの生活を支援していくようになっていくはずです。我が国ではこれからさらに少子高齢化が進み，労働人口は激減していくため，ロボットや人工知能と共存した社会が到来します。これがSociey5.0と呼ばれる超スマート社会です。

今回の学習指導要領の改訂の議論をした第8期中央教育審議会は，このような社会に生きていくことになる児童生徒への教育を見据えて学習指導要領の改訂にあたりました。議論の中心は，高度情報社会を迎えた今日において人口減少社会を支える人材をどのように育成するかということでした。ですから，今回の学習指導要領には，未来を生きる子供たちに必要な教育内容が示されています。

人口減少社会を支える人材像を教育の情報化の観点から見た場合，大きく2つのポイントがあります。

1つ目は，一人一人の生産性を高めることです。我が国の人口減少は，少子高齢社会によるものであり，高齢者の割合が極めて高くなる一方で，労働人口が激減するということです。つまり，一人一人の生産性を高めなければ社会を支えることができないということになります。

生産性の向上にはICTの活用は不可欠です。今では多くの情報がネット上に偏在しています。これらにアクセスし，無駄なく情報を入手するスキルや，たくさんの情報を整理して意思決定に必要な情報としてまとめるスキル，様々な立場の人と必要に応じて役割を分担しながら協働で問題解決をするためにクラウドなどを用いてスピーディーに対応するスキ

ルなどが求められており，ICT活用は当然の前提となっています。また，これらの活動が自在にできるための組織のインフラが必要となっているのです。

中央教育審議会では，高度情報社会と人口減少社会が大きな論点でした。今回の学習指導要領では，情報活用能力が「学習の基盤となる資質・能力」として明確に位置付きましたが，それは一人一人の生産性を高めることが必要であるという認識が背景にあります。各教科等の学習の「基盤」としての情報活用能力を身に付けさせるためには，1人1台の情報端末は不可欠な教育環境なのです。これがICT環境整備に力が入っている最大の理由なのです。

人口減少社会を支える人材像の2つ目は，Society5.0によって提供されるテクノロジーを用いて，できるだけ人間の代行をさせることによって，人間は人間がこそすべき価値のあることに専心するという考え方です。

例えば，お掃除ロボットが普及していますが，これを利用することによって，人間が掃除しなければならない部分は減らすことができます。そもそも人間だけでは難しいことが，ロボットの手助けで実現できることもあります。電動アシストの自転車や，介護用ロボットスーツなどがこれにあたります。もちろん，掃除をすることによる人間のストレス発散や，あえて電動アシストを使わず自力で自転車を漕ぐことによる人間の体力増進などの場合は別の話です。

本質は，人間が何をすべきか，テクノロジーに任せられるものは何かということを考え，判断できる能力が必要ということにあります。この考え方が，人口減少社会において価値ある人生を送るために必要な考え方なのです。

1つ目のICT活用による生産性向上のためには，学校教育の段階から，常にICTを道具として活用して学ぶ経験を積み重ね，ICTには何ができるのか，どのように活用することが便利なのか，逆にICTに任せることが難しいことは何なのかなどについて体感的に学ぶことが必要となります。今回の学習指導要領では，このようなICT活用の考え方から，ICTを学習の道具として使いこなすことを学び方の一部として見なしており，そのために必要な情報活用能力を子供たちに身に付けさせることを当然

の前提とし，情報活用能力が各教科等の学習の基盤となって機能するという考え方なのです。そのためのICT環境整備ですから，1人1台，高速ネットワーク，クラウドツールの活用などは，学習環境として不可欠ということになります。

学習のあらゆる場面でICTを活用するという経験の中から，2つ目にあたる，人間こそがやるべきことを見いだそうという姿勢が育っていきます。しかしその場合には，Society5.0におけるテクノロジーの様相に関する知識が必要になります。社会の問題解決のためにテクノロジーがどのように役立つかという知識は，今後の人口減少社会における人間とテクノロジーの共存には不可欠であり，学校教育で習得させるべき今日的な教育課題となっているわけです。今回の学習指導要領改訂において，小学校段階からプログラミング教育が導入された背景がこのことなのです。

学校のICT環境の整備は，次なる時代を支えることになる子供たちに，未来志向の教育を与えるために不可欠なインフラ整備です。私たち大人が生きてきた時代で身に付けた感覚だけでICTが必要とか不要とか判断してはならないのです。

5．これからの時代の学校のイメージ

この原稿を執筆している令和2年6月の段階では，中央教育審議会はもう1つ先の学習指導要領の時代を見据えて，学校の在り方について検討しています。この議論は，「GIGAスクール構想」によって，児童生徒1人1台の情報端末が備わっていることを前提に進められています。

中央教育審議会では，学校教育における対面指導の重要性を強く認めています。その上で，発達段階に応じながらICTを活用し，遠隔・オンライン教育を活用することによって学習の個別最適化を図り，基本的な学力を十分に修得させ，対面指導では主体的・対話的で深い学びをより際立たせるといった「ハイブリッドな教育課程」が検討されています。

また，デジタル教科書・教材の活用のさらなる推進に向けた協力者会議や，それらのデータ形式の標準化に関する有識者会議，全国学力・学習状況調査をCBT化する検討会議，大学入学共通テストに教科「情報」を入れる検討会議など，社会の情報化を

背景とし，1人1台情報端末での学習経験を前提とした法制度の改訂が検討されています。

コロナ禍においては，中央教育審議会をはじめとする文部科学省関連会議はオンラインで行われました。例年であれば，全国の都道府県教育委員会の担当指導主事を文部科学省に集めて実施される教育課程等の説明会も，今ではオンラインで配信されるようになりました。コスト削減だけでなく，動画を見直すことができることが大変便利ですし，都道府県下の市区町村もこの動画を視聴することによって，伝言ゲームのような情報伝達から解き放たれることになりました。企業ではもうずいぶん前からミーティングや社員研修はオンラインで実施していますし，各種検定試験もオンライン受験が一般的になっています。

このような社会状況の中，教員研修や教員免許状講習もオンライン化が進み，在校・在宅で受講できるようになるでしょう。多忙な教員や育休期間の教員の学びの保障にもなります。さらに，教員の在宅勤務も弾力的に実現できるようになれば，教職の魅力もさらに高まるはずです。

これらはすべて，ICT インフラが整備されてこその実現です。国レベルで検討されていることや，YouTube の文部科学省チャンネルで配信されている情報を把握していないまま，各自治体や各学校の現状の ICT 環境，現状の教員の意識や仕事の仕方をもとに判断してしまうことが大変危険なことだということが理解できることでしょう。

コロナ禍でのオンライン授業では，家庭の Wi-Fi 環境や情報端末の普及なども話題になりました。これから学校に1人1台整備される情報端末は，もちろん家庭に持ち帰ることができることが前提で整備されるべきですが，おそらく数年が経過するうちに，次第に BYOD（Bring Your Own Device）に移行していくことでしょう。子供たちの学びが学校と家庭でつながっていくためにも，家庭の ICT 環境は今後さらに重要になります。学校での ICT 活用がこれを推進することになるでしょう。学校の学習の延長で家庭で ICT 活用が行われる場合は，家庭負担による教材の購入等の延長と見なすことができることから，被保護世帯における費用負担を教育扶助または生業扶助で対応することが厚生労働省によっ

て法整備されています。

これまでの学校を前提にし過ぎず，新しい時代の学校の在り方を，各学校・各自治体レベルでも真剣に検討していくべき時代です。それが，各自治体で育ち，日本を支えることになる人材の育成なのです。

GIGAスクールで活躍する教師
—マインドセットを変換しよう—

玉川大学教職大学院教授

久保田 善彦

1. はじめに

　文部科学省は，多様な子供たちに公正で個別最適化された学びを実現するために，GIGA スクール構想（1人1台端末及び高速大容量の通信ネットワークの整備）を提案しています。これらの整備は，コロナ禍の学びの保証としても注目を集めています。With/After コロナの時代は，子供たちが文具の一つとしてタブレット端末等を活用する（正確には，整備・活用の低迷していた日本が，世界標準に追いつく）ことになります。

　教師や子供たちの多くは，日常生活でスマートフォンやタブレットを使いこなしています。一方で，学校教育における活用は十分な知見をもち合わせていないのが現状です。本論では，1人1台端末のタブレット端末等の活用とその効果を整理します。その作業を進めながら，GIGA スクールにおける教師の教授・指導観のあり方を考察します。

　一般に ICT 活用は，調査活動，思考活動，協働活動，制作活動に分類することができます。個別最適化された学びを念頭に置くと，学校教育におけるICT 活用は，知識・技能の定着も加えるべきでしょう。以下では，5つの活動ごとに活用を検討します。

2. 調査活動

　日常生活でインターネット検索は欠かすことができない活動です。手元に端末があることで，知りたいことを瞬時に調べることができます。例えば，会議中に気になる話題が出たり，初見の用語があったりするとその場でインターネットを検索し，すぐに議論に生かすことがあります。手元に端末があることで，インターネットは自分の頭脳の拡張として機能します。近年は，画像や動画を対象とした検索も可能となり，必要な情報に迅速にアクセスできます。この環境が教室の中に導入されます。

　例えば，授業中に教師が Society5.0 の解説をするとします。「ソサエティ 5.0 とは何だろう」と発問しながら板書をしていると，関心のある子供たちはわずかな時間であっても手元の端末でインターネット検索を始めるでしょう。教師が Society1.0 の説明を始める頃には子供たちは，1.0 〜 5.0 は何社会と呼ばれるのか，5.0 はどのような社会なのかなど様々な情報をインターネットから得ています。つまり，教師の説明より先に，子供たちは知識を獲得している可能性があります。このような環境においては，インターネットから単純に入手できる知識（表面的な知識）を教えることは意味を成しません。教師は，表面的な知識ではなく，その知識を活用した授業，その知識を深める授業をデザインすべきです。

　SNS などによるいじめや犯罪は後を絶たない現状です。インターネットが身近にある子供たちは，情報モラルを含めた高度な情報活用能力が求められます。SNS を正しく理解し，犯罪に巻き込まれない知恵を身に付けることは大前提になります。今後はそれに加え，情報を批判的に読み解き，各自が判断した上で活用する力が必要になります。そのために「情報の避難訓練」をしている学校もあります。地震やパンデミックなど災害が発生すれば第一に身の安全を確保します。次に必要なのは正しい情報の確保です。しかし，東日本大震災や熊本地震，先日のコロナ禍でも，SNS 上にフェイクニュース（デマ・流言）が飛び交い，不正確な情報であふれました。店頭のトイレットペーパーが消えた話は記憶に新しいでしょう。なぜ災害時にフェイクニュースが多いのか，フェイクニュースを見分けるための内在チェックや外在チェックの方法，その考え方を平時にどう生かすかなどを，実話と体験から学ぶ学習です。PISA 2018 の読解力調査では，複数のメディアの情報を批判的に捉え判断する力が必要な問題が出題されました。デジタル社会を生きる子供たちは，災害時に限定することなく批判的な読解力が必須になります。

調査活動のICT利用は，インターネット検索だけではありません。インターネットの地図から野外活動の位置情報を調べたり，そこでの気付きを写真に記録したり，実験の様子を動画に記録したりすることも調査活動です。理科の授業で，熱源の位置と水の沸騰を調べる探究活動がありました。実験を動画で記録することで，時間に伴う状態変化を記録できます。しかし，どのアングルで撮影すべきかを検討せずに，記録を続ける子供もいました。何を目的とした活動なのかを意識させれば，熱源とビーカーが接している箇所を撮影するはずです。適切な記録をさせるためには，活動のねらいを常に意識させなければいけません。

3．思考活動

　言語活動，アウトプット，見える化など，「思考の外化」は重要な思考活動です。頭の中の思考を外に出す過程で，思考が整理されます。遠足や運動会の作文も思考を外化した作品です。作文の下書きは，読み返してさらに良い文章に仕上げられます。外化物である下書きを確認・推敲することは，思考や思考過程の再考（精緻化）につながります。

　タブレット端末等も外化を支援するツールになります。ワープロソフトは，文字による外化を支援します。作文用紙より修正が容易であるため，思考の精緻化が促進します。先生が一斉配信した図形ファイルに，補助線を入れ求積方法を検討することも，外化です。失敗を恐れずに何度でも作図できます。ICTは多種多様な色を表現できます。2年生国語の『お手紙』では，各場面のがまくん（もしくはかえるくん）の気持ちをICTを使い多様な緑色で表現できます。友人や前段落との色合いの違いから対話が生まれます。外化手法は，音声，文章，図，色や音など，様々です。

　近年，学校現場でよく使われる思考ツールも外化の一つです。目的に応じた枠組みを提供することで，思考の整理や分類を支援します。タブレット端末等に思考ツールを配信し，そこにデジタルの付箋を配置します。納得いくまで付箋の位置を検討できるとともに，試行錯誤の過程を保存できます。つまり，タブレット端末等は表現のツールと同時に，試行の過程を外化するツールになるのです。

　これまでも思考の外化は，紙やホワイトボードで行われてきました。タブレット端末も含め各メディアには長所と短所があります。ICT機器ありきではなく，場面に応じて効果的なメディアを選択すべきです。各メディアの特徴と自分の特性を理解すれば，子供自身が外化ツールを選択することもできます。

　「自らの学習を調整しようとする（自己調整）」ことが，主体的に学習に取り組む態度の要素として取り上げられました。自己調整は，振り返り（メタ認知）を基盤とする能力です。正確には，振り返るだけでなく，そこで得た知見を次の活動に生かす力になります。教師は，これまでも様々な場面で振り返りをさせてきました。しかし，形式的な活動にとどまることが多いようです。コロナ禍の臨時休業中，子供自身が学びを調整すること（計画的に学習を進めること）の難しさを実感した親や教師も多いでしょう。振り返るための時間や材料が足りないこと，本人の動機（ねがい）を無視しているなどの理由が考えられます。これらを解決し，意味ある振り返りをさせてこそ，学校においても家庭においても主体的に学習に取り組む態度が育成される。ICTは振り返りを強力に支援できます。

　総合的な学習の時間の単元の中程に写真を提示し，それまでの活動を確認することがあります。まず，これまでの活動内容やその時々の思いや願いを振り返ります。振り返りから次の活動を再考します。写真がデジタルになれば，映像の確認や保存，選択，並べ替えなどが容易になり，効果的に振り返ることができます。自己調整を支援するe-ポートフォリオの取り組みです。1人1台環境になれば，子供が個々にe-ポートフォリオを作成できます。例えば，授業後の板書は，その時間の子供たちの試行錯誤が詰まったポートフォリオです。板書を撮影し閲覧すれば，1時間を丁寧に振り返ることができます。1単元分の板書写真を連続で閲覧すれば，単元を通した振り返りができます。教師にとっても，授業改善の貴重な資料になります。他にも，街探検の様子，校庭の植物，顕微鏡内のメダカの卵などタブレットで気軽に記録を残し，振り返ることができます。さらに，写真への書き込み機能やソフトのコメント機能を利用し，写真に情報を追加すれば，撮影したときの多様な気付きをパッケージ化し，よりリアルに振り返ることができます。

　AIやコンピュータは保存と検索が得意です。次世代高速通信（5G）は，より高精細な写真や動画

の保存・検索・閲覧が可能になります。それらを
e-ポートフォリオに生かし，自己調整につながる
振り返りをさせましょう。

4．協働活動

　メールやSNS，ビデオ会議による遠隔地との交流はイメージしやすい協働活動です。遠隔教育は，遠く離れた街や国との交流だけではありません。同じ中学校区の小規模校と大規模校が，共同行事の打ち合わせをしたり，どちらかの授業に参加することもできます。コロナ禍の臨時休業や分散登校時も，メールやSNS，ビデオ会議のツールが使われました。ビデオ会議による朝の会や授業を実施した学校も多いようです。いち早く対応できたのは，すでに1人1台環境を実現している学校でした。

　Google WorkspaceやOffice365など，クラウドベースのOfficeアプリは共同作業をコンピュータで支援します。例えば，一つのファイルを複数人で同時に編集できます。長文作成では段落ごとに分担したり，プレゼンテーション作成ではページを分担することで，効率の良い作業ができます。同様の共同作業は教育用アプリでも提供されています。

　協働活動はグループ活動だけでなく，算数の練り上げのように一斉授業でも成立します。1人1台端末と協働学習ソフトを使えば，大型提示装置に全員の画面を一覧表示できます。教師は，その画面を手がかりに指名し，授業の流れを作ったり，発言の少ない子供に焦点を当てることもできます。また，小さくても大型提示装置の中に自分の考えが表示されることで，活動への参加意識が向上します。

　一斉授業，グループ活動にかかわらず，協働を成立させるためには，外化物を活用し，互いの情報を共有することが大切です。近年，グループ活動でよく見かけるホワイトボードも，外化と共有のツールです。構成員の思考や議論の流れをホワイトボードに外化し，共有することで，協働活動が活性化します。

　タブレット端末等も，ホワイトボードと同様に外化と共有をサポートします。画面が広く安価で手軽なのはホワイトボードです。タブレット端末の利点はなんでしょうか。コロナ禍では，オンラインで家庭と家庭をつなぎ遠隔で協働学習を成立させた学校も多いようです。さて，平時のグループ活動でタブレット端末を利用するメリットについて以下の事例から検討します。数学の授業で，ホワイトボードを使ったグループ活動をしていました。ある班はホワイトボードを上手に活用し，活発な議論をしています。一方で，幾つかの班は停滞しています。そこで教師は，授業の最終場面で他班との交流の機会を設け，解法の多様性を理解させました。しかし，停滞班の子供は悔しそうに「もう少し早く聞きたかった，時すでに遅し。」とつぶやいています。交流で新しいアイディアを得たことは収穫です。しかし，さっきまで悩んでいた問題を解決するには時間がないと残念がっているのです。その様子を知った教師は，授業の最後でなくグループ活動中に緩やかな交流をさせたいとICT環境を用意しました。具体的には，協働学習ソフトで各班の画面を一覧表示させました。グループ活動中に一覧表示を大型提示装置に提示し続けました。多くの班は，一覧表示を見ずに問題を解決できました。しかし，自力解決が難しいと判断した班は，大型提示装置に表示された他班の情報を参考にし始めます。直接，他班に出向き情報を補完する班もありました。緩やかな交流活動です。この活動で，停滞する班が減少しました。ホワイトボード実践の情報共有の範囲は「班」です。タブレット実践は「班」に加え，班と班が緩やかに結ばれ「教室全体」へと共有の範囲を拡大したのです。

　共有の範囲を調整したり，共有の方法を複数提供できることはタブレット端末の利点の一つです。子供が共有の方法や相手を選択することもできます。ただし，先のタブレット実践のような活動は，自分で考えることなく，他班の成果を拝借してしまう可能性もあります。そうならないためには，唯一の正解を重視（評価）するのでなく，解決の過程を重視する授業風土が必要になります。

5．制作活動

　ワープロソフトを使うようになり，作文やリポートの推敲が容易になりました。試行錯誤を何度も行えるのが，ICTを使った制作活動の利点です。さらに，図工・美術・音楽の技能をサポートします。例えば，思ったとおりの色調を作り出したり，様々な楽器の音色を再現して曲を作ることができます。これまでの表現活動は，少なからず技能が必要でした。技能が足りないことで表現が制約されていた子供は，ICTによって自分の思いや願いを自由に表現

できるようになり，より創造的な作品を作り上げることができます。

令和2年度より実施されているプログラミングも制作活動です。5年生の多角形であれば，四角形，三角形，六角形をプログラムする。決められた作図で授業を終えるのはもったいないでしょう。ほんの少しの時間があれば，星形，幾何学模様，多角形の色を変えるなど，創作活動を入れることができます。STEAMの中にA(Art)が入っているように，創造的な活動を組み入れましょう。そういった試行錯誤があるからこそ身に付くプログラミング的思考もあります。他にも，図工の「たまごから創造の何かが生まれる」ではプログラムと関連する物語を創作したり，音楽ではお気に入りの「お囃子」をプログラムで表現する活動があります。総合的な学習の時間には，SDGsの福祉や環境の学習の問題解決の一つとして，生活を便利にする道具をプログラミングで開発することもできます。

これまで教師の仕事は，知識を子供に伝えることとされてきました。しかし，デジタルネイティブの子供たちは，教師より早くプログラミングを習得するでしょう。教師が伝えるべき知識や技能のすべてを事前に習得し，授業に臨むことは現実的ではありません。プログラミングを指導する教師は，知ってることを教えることに終始せず，子供と「一緒に学ぶ」姿勢をもつことが求められます。

6．知識・技能の定着

Society5.0の時代に向けた教育の一つにも公正に個別最適化された学びの実現が盛り込まれています。これまでもICTを活用したドリル学習が行われてきました。今後，AIを使い，個人の理解や学習履歴に応じた学びが可能になります。1人1台端末は，ドリル以外の学習も可能にします。英語は，自分の発音をチェックすることができます。録音した発音を教師が確認し，個別支援に活かしている学校もあります。オンラインのビデオ教材を使うこともあります。途中で止めたり，巻き戻したり，先に進めたり，学習のペースを自由に調整できることが利点です。

個別最適化は，知識・技能の定着に限定する概念ではありません。広義には，特別支援教育や外国人子女教育を含め，すべての子供を対象とする個に応じた教育として捉えるべきです。コロナ禍でオンラ

イン学習を導入したところ，休みがちだった子供が積極的に授業に参加するようになった事例は複数あります。子供の思いや願い，向き不向き，学習ペースは様々です。これまでの学校教育は極度に画一的で，個別の対応は限られていました。1人1台端末は，子供の個性に対応する可能性を十分に秘めています。

7．終わりに

本論では，1人1台端末時代におけるICTの活用を整理しました。例示した活動を実現するには，第一に教師の教授・学習観を変える必要があります。インターネット検索を日常的に行える環境では，「知識を教え込む教師から脱却」する必要があります。情報社会を生き抜くには「批判的な読解を重視する教師」になる必要があります。「ねらいを常に意識させる教師」になる必要もあります。思考を活性化させるためには「思考を見える化する教師」になる必要があります。自己調整のために「意味ある振り返りを支援する教師」になる必要があります。グループ活動中に他班と交流するには，唯一の正解ではなく「思考過程を重視する教師」になる必要があります。プログラミングでは，知ってることを教えるのでなく「一緒に学ぶ教師」になる必要があります。個別適正化された学びのために，「多様な個を尊重する教師」になる必要があります。その他にも教師が変えるべき教授・学習観が散見されました。

上記は，学習者の学びを第一に考える教授・学習観です。これまでの「教師中心アプローチ」から「学習者中心アプローチ」への転換です。今回のGIGAスクール構想は，インフラを整備し，世界に追いつくことだけが目的ではありません。教師のマインドセットを「学習者中心アプローチ」に変換するための，重要な教育改革と捉えるべきです。

今回，ICT活用を整理した5つの活動は，本書の第4章「1人1台環境での誰一人取り残さないICT活用授業」の実践事例の分類にも使われています。それぞれの実践の様子を知るだけでなく，教師はその事例をどのような思いで実践したかについて想像しながら読み進めて下さい。

参考文献
GIGAスクール構想の実現 (2019)：https://www.mext.go.jp/a_menu/shotou/zyouhou/detail/mext_00127.html
文部科学省 (2018)：Society5.0に向けた人材育成，https://www.mext.go.jp/b_menu/activity/detail/2018/20180605.htm

第 2 章
学びを止めず誰一人取り残さないつくば市の ICT 教育

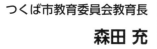

学びを止めず誰一人取り残さない ICT 教育を実践したつくば市の教育
―これまでのICT教育の積み重ねが生かされた―

つくば市教育委員会教育長
森田 充

1．3月臨時休業 ―慌てず，着実に―

2020 年3月の臨時休業は突然やってきたのは確かでしたが，2月のつくば市校長会において，そんな事態になるかもしれないことも視野に入れ，「臨時休業になることも想定して，授業を進めよう」と準備を促しました。また，3月2日に，茨城県教育委員会から，3月6日までには休校にするよう指示があったことを受け，つくば市では休業開始を3月6日まで遅らせました。こうしたことで，先生方は慌てずに学習課題等の準備をし，市では仕事を休めない家庭の児童生徒を学校で預かり給食を提供することとし，その希望調査を行い，取りまとめることができました。

併せて，教育委員会では，すぐに学びのコンテンツ集をつくば市総合教育研究所のホームページにアップし，通常の授業でも活用している e- ラーニング「つくばチャレンジングスタディ」，オンラインプログラミング学習などを，家庭ですぐに利用できることを保護者に通知し，活用できるようにしました。

2．4月からの臨時休業
―学びを止めるな，つながりを築け―

4月になっても，新型コロナウイルスの感染は収まらず，新入生は4月7日，それ以外の児童生徒は4月6日，一日だけ登校させ，また休業とすることとしました。その一日の登校日は，担任と顔を合わせ，教科書を配付し，今後の家庭での学習の仕方を説明するだけで精一杯でした。担任とたった1回，しかも短時間しか交流していない中での，生活支援，

学習支援は，困難を伴うことは間違いありませんでした。

そんな中でも，大切なのは，教師と児童生徒のつながりを確保し，学びを止めないことであり，各学校で共通な「最低限これだけは」という取り組みは，確実に行えるようにと，校長と共通理解を図りました。

その取り組みとは，「チャレンジングスタディ」や市で準備したコンテンツ集を引き続き利用させることの他，全クラスにメールアドレスを付与し，

- 週末に家庭学習課題をホームページに提示し，1週間後にクラスメールなどを活用して，データや写真データで学習の成果を提出させる。
- 学校のホームページに書き込みフォーム「せんせいあのね」を開設して，教師と児童生徒との対話と健康観察，相談等を行う。

などの双方向の支援を行うことです。課題を提示する際に利用する動画は，茨城県教育委員会や市指導主事が作成したものが多かったのですが，担任や教科担当者が自作する学校もありました。市教育委員会では，どの教員でも共通取組が確実にできるようにマニュアルを作成するとともに，児童生徒の学びの質がさらに高まるよう，単元の構成と課題づくりの考え方を示し，学校の良い取り組みや望ましい課題などを取り上げ，学校に示しました。

しかし，家にインターネット環境も，機器もない児童生徒もいるので，先生方がポスティングしたり，保護者が課題の受け取りや提出のために，学校に来たりするといった状況もありました。

また，希望者には，パソコン室が密にならないように調整して，学校のパソコンを利用できるようにしました。

3．できること，できる人から始めよう

このような中，私は，「みんなに ICT 環境が整っていないからできない」ではなく，「できるところからやろう」「できる人からやろう」ただし，「誰一人取り残さないように」という姿勢を示しました。

学校によって，
- 学校で授業動画を作成する。なかには担任が毎日短時間動画を複数アップする
- Teams を活用した学習指導・支援
- テレビ会議システムを活用してのホームルーム

など，様々な取り組みが行われました。授業動画を作った教員に「大変でしょう。」と聞いたところ，「普

段，電子黒板を使って授業をしていることを撮影しただけです。撮影は，１回撮りで編集はしません。分からないことは先生同士教え合いながらやりました。思ったより簡単でした。」という答えが返ってきました。急なことにもかかわらず，これらのことがスムーズにできたのは，つくば市が長い間，ICTを活用した教育に取り組み，一人一人を大切にする教育を進めてきたことによる，教員の意識の高さ，スキルの高さが大きかったと思います。

休業中のこれらの取り組みが，望ましい支援となっていたのか検証するために，教員，児童生徒，保護者のアンケート調査を行いました。教師のアンケートによると，今回の臨時休業の取り組みについて，

- 生徒の探究心の高さに改めて気付いた。
- 課題づくりで教材研究が深められた。
- 生徒の学びの質が向上した。自ら家庭で学ぶことで実践力がついたと感じた。
- 他校の先生方と協力して支援を考えたので勉強になった。
- この研修が，再開後の授業に生かせる。

などの前向きな声が多くありました。

保護者のアンケートでは，学校の支援に満足，ほぼ満足と答えた割合は，全体の75％と，まずまずでしたが，これまでにない対応のために苦慮していたことは間違いなく，不十分な点があったことも事実です。今後，結果を詳細に分析し，休業中の支援の改善点を明確にするとともに，普段の授業の在り方を見直す材料にしたいと考えています。

４．学校と家庭とをつなぐシームレスな学びへ

休業中，家庭のインターネット，学習用端末の環境調査も行いました。その結果，インターネット環境がない，通信制限のスマートフォンしかないなど，家庭でオンラインでの学習が困難である児童生徒が，約3％にあたる約700人であることが分かりました。

そこで，つくば市教育委員会では，GIGAスクール構想により，今年1年で1人1台のパソコン整備を行うことを計画しているのですが，この700人に貸し出すためのパソコンを先行整備することにしました。

なかなかパソコンが手に入らない中，Wi-Fiルーター付きパソコン500台，ルーターなしのパソコンを200台が用意できました。こんなにも短い間

に用意できたのは，地元業者の子供たちのためにとの思いでのご協力があったからであり，感謝の気持ちでいっぱいです。

この700台は，現在は通常登校になっていますが，対象の児童生徒に，6月中には貸し出すことができました。これにより，すべての家庭で，オンラインの支援ができる環境が整ったことになります。

この環境が整えば，たとえ再度休業になっても，オンラインのホームルームや，個人アカウントによるメールやクラウドの活用，クラウド型チャレンジングスタディ，などが自由自在にできます。

しかし，それ以上に目指しているのは，本市で活用しているグループウェア「スタディノート」を利用した対話的深い学びのシームレス化です。スタディノートを利用すれば，問題解決学習において，子供たちが課題について考え，書き込んだ意見が，学校にいても家庭にいても，クラスの全員で共有できます。共有できれば，他の意見を基に深く考えたり，意見を交換したりできます。テレビ会議と併用すれば声に出して議論することもできます。また，つくば市全体の研究テーマごとの掲示板がありますが，これも家から利用し，学校の壁を越えた協働学習までが可能になります。つまり，対話的で深い学びが学校と家庭の切れ目がなく実現できるのです。まさに，学校と家庭でのシームレスな学びの実現です。

この「スタディノート」は，これまでも，学校で活用しているものであり，先生も児童生徒も使い方には慣れています。ただ単に，使う場所が変わるだけで，それを想定した練習を少しだけ行えば，活用できるのです。

実際に，みどりの学園義務教育学校において，分散登校時に検証のために授業を行いましたが，20〜30分の説明と練習で，使いこなせていました。さらに，その時驚いたのは，普段なかなか登校できずにいた生徒が，その時間にアクセスし，意見も書きながら，みんなと一緒に参加していたのです。この学習の新たな可能性も感じました。

５．最後に

今後も，教師の指導力を磨き，これまでのICT教育の実績を生かし，1人1台の環境をフルに活用し，児童生徒の学びを高めていきたいと思います。

つくば市教育委員会指導主事（情報教育担当）

中村 めぐみ

1. つくば市 GIGA スクール構想の実現

つくば市は，文部科学省による，学校休業時における子供たちの ICT を活用した学びの保障「子供たちの学びを止めないための支援」の提言を受け，家庭等でも学び続けられる ICT 環境整備を進めてきました。それが「GIGA スクール構想」です。つくば市は，これまで ICT を活用して教育の充実を図ってきました。これまでの ICT 環境整備やそれらを効果的に活用した教育は，非常事態や，登校に困難を抱える子供たち，入院している子供たちなど多様な子供たちの補助にもなってきました。そして，今回の臨時休校という経験は，これまでつくば市が培ってきた ICT 教育と環境の重要性を示すこととなり，今後，一層の充実を図ることが求められています。

そこで，まず，小中学校の児童生徒に１人１台タブレット端末整備を行い，児童生徒一人一人に寄り添い，個別最適化された課題解決型学習を展開していきます。また，校内 LAN 高速化によるクラウドを活用した協働学習やコミュニケーションツールを導入し，これまでの学校内の学習支援ツールを，家庭から遠隔学習ができるクラウド型に仕様を変更していくことで，家庭学習支援の充実を図ります。また，１人１台端末整備により，先行必修化してきたプログラミング学習は，ホームページ上からオンラインで家庭でできる仕組みを活用し，教育課程で行うプログラミング学習を，より児童生徒の興味関心に応じて家庭や学校外で深めて実施することができるようにしていきます。

このように「GIGA スクール構想」において，より一層 ICT 環境を整えることで，「誰一人取り残さない」教育のために，多様な児童生徒がどんな状況

下においてもつくば市の教育が受けられる環境を構築していくことを目指します（図１）。

▲図１　つくば市 GIGA スクール構想

2. 予測困難な時代でも学びは止めない取り組み

①フェーズ１　学校臨時休校決定

つくば市は３月６日から，学校臨時休校が決定し，年度末を休校という形で過ごすこととなりました。本来であれば，各年のまとめをする時期でもあり，担任の先生も家庭の保護者も不安になるところですが，つくば市は違いました。なぜなら，これまでも市内小中学生が利用してきた「つくば教育クラウドｅラーニングシステム」チャレンジングスタディがあったのです。

●チャレンジングスタディ

【特徴】

- 自分の興味や学習進度に応じてｅラーニングネットワーク環境があれば，『いつでも・どこでも・だれでも・どんな学習も』自分の進度に応じて学習できる
- 学習の復習，予習はもとより，関連した他学年の学習も行うことができる
- 完全習得学習を目指したインタラクティブ型ｅラーニング

教育委員会は，まず，このチャレンジングスタディのパンフレットとパスワードを休校に入る前に再通知し，休校中の家庭学習を行うことを示し，学校や家庭における学習への不安を解消しました（図３）。さらに，年度初めに配付している，『チャレンジカード』（図４）を併せて再配付することにより，子供たちが自分で，カードをチェックしながら自主的に学習が進められる手だても示しました。これにより，思い思いのスタンプ等で学習を進めている様子が後に寄せられました。

この他に，つくば市教育委員会では，臨時休校という状況を学習面におけるプラスと捉え，学校での

▲図2　つくば教育クラウドｅラーニングシステム
　　　 チャレンジングスタディ

学びを生かして，子供たちの興味関心を学校外で広げる仕組みを提示しました。1つ目は，つくば市総合教育研究所ホームページ内に，全国にある様々な学習サイトを集約し，リンクを張り付けた特設サイト『家庭学習や自習に役立つおすすめ学習サイト』を開設しました。これは，つくば市に所属する学校ICT指導員が各方面から情報を収集し，内容を精査して，よりつくば市の学校での教育を深めてくれるものを採択し，サイトとして設営および運営管理を行ってくれました（図3）。

▲図3　つくば市の学習支援特設サイト

●つくばこどもクエスチョンオンライン
【特徴】

• 質問をオンライン申請
• YouTube で質問について回答

　2つ目は，つくば市には150の研究所の2万人の研究者という科学資源を活用した取り組み「つくばこどもクエスチョンオンライン」です。これは，司書などのつくば市出身の方々も調べ物のサポートに入って，学校での学習から生まれた疑問や，問い，将来やってみたいこと，普段気になっていることなどの探求のサポートを行ってくれました。開始時からの質問件数は，100件以上あり，好評につき，延長措置も講じました。

●オンラインプログラミング学習支援
https://www.tsukuba.ed.jp/~programming/

▲図4　市内の研究者とオンラインでつながる探求的 PBL 学習サイト

【特徴】

• 総合教育研究所ホームページの WEB サイトに集約
• 学校教育でも行っているアプリ（プログラミン，スクラッチ，マイクロビットなど）の紹介と使い方説明により一人でもプログラミングができる
• 各教科で使用したコンテンツ紹介
• チュートリアルビデオ，ワークシートなど一人でできるための支援を準備
• WEB アプリケーションなので無料

　3つ目は，プログラミング教育を家庭で楽しみながら行う仕組みも改めて周知しました。つくば市が3年前から先行必修化してきたプログラミング学習は，ホームページ上のオンラインで家庭でできる仕組みになっていました。これらを活用して，休校中ならではの，子供たちのアイディアとイノベーションをかき立てる仕掛けを作ることを考えました。

▲図5　オンラインプログラミング学習サイト

▲図6　YouTube によるオンラインプログラミング学習

②フェーズ1での各校の取組事例
「卒業式をYouTube live配信」
～茎崎第三小学校　大坪 聡子教諭～

▲図7　YouTubeによる卒業式の配信

③フェーズ2 学校臨時休校延長

　5月末までの休校延長が示され，次の課題となったのが児童生徒と教師のコミュニケーション形成でした。本来は，4月の学級開きに始まり，担任と児童生徒の信頼関係を構築する，学級づくりとしての大切な時期が，引き続きの休校延長となりコミュニケーションがとれない状態が続くこととなりました。そこで，教育委員会はこれまでの「学力保障」に「児童生徒とのつながりを切らさない」ための，双方向環境の構築の手だてを迫られることとなりました。

　そこでまず，つながるための仕組みとして，『クラスメールアカウント』配付を行いました。これまでも，つくば市はMicrosoftアカウントによる教育委員会メールや，市内全教員用tkbメールなどを作成し運用してきました。これらを利用して，各学校のクラス別にメールアカウントを発行し，メールアドレスを取得することを考えました。クラスごとにメールアドレスができたことで，ホームページ上に掲載された学習課題を，児童生徒がそれぞれ個別に提出することができるようになりました。これにより，先生と児童生徒が個々につながることができ，離れていても提出に対して返信が来ることで，

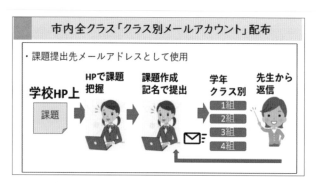

▲図8　市内全学校のクラス別メールアカウントを作成配付・課題提出先メールアドレスとして使用

より身近に感じられるようになりました（図8）。

　しかし，クラス別メールアドレスは保護者の協力が必要なことや，メールを送信するというスキルが高学年児童以上でないと難しいこともあり，誰もが，簡単に，すぐに先生とつながることができる仕組みも必要ではないかと考えました。そこで，クラス別アカウントを利用しMicrosoft Formsでホームページ上に，アンケートフォームを作成することにしました。アンケートフォームは先生方でも簡単に作成することができ，健康観察や，日常の出来事の報告，課題への質問など，ホームページを見ることができれば低学年でもクリック動作だけでも先生とつながることのできる仕組みです。そして，この先生に簡単に話しかけることができるアンケートフォームの仕組みに「せんせいあのね」と名前を付け，運用を始めました（図9）。

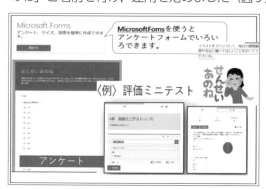

▲図9　Microsoft Formsによる「せんせいあのね」

④フェーズ2による各学校の取り組み

　休校延長が決定すると，各学校でも独自の取り組みを行うようになってきました。つくば市立吾妻小学校では，ホームページに1週間の学習計画表をアップし，各家庭でダウンロードして使えるようにしたり，先生方による学習のワンポイントレッスンなども掲載したりしていました。

　　　～つくば市立吾妻小学校　内田 卓教諭～

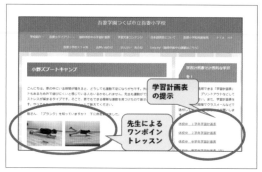

▲図10　つくば市立吾妻小学校によるホームページ支援

　つくば市立学園の森義務教育学校では，Microsoft

アカウントを活用した OneNote を使って，家庭と学校の双方向のやりとりを行いました。全家庭に郵送したプリント類を，提出日に提出してもらう以外の方法として，5〜6年生は，プリントの答えを OneNote に打ち込んだり，写真に撮って貼り付けたりなどの方法を取れるようにしました。OneNote に先生が直接コメントをつけることで，日記のように子供たちとやりとりができ，いまだに喜んで記入してくれる子供たちもいます。休校中ならではのデジタルノートではありましたが，一つの場所を共有することで，よりお互いを身近に感じることができたと思います。

〜つくば市立学園の森義務教育学校 山口禎恵教諭〜

図11 ▶ つくば市立学園の森義務教育学校 OneNote による課題の提出

⑤フェーズ2までの取り組みで見えてきた課題

　これらのように，つくば市教育委員会は児童生徒と教師のつながりや学力保障の面から，様々な取り組みを講じてはきましたが，休校が長期化することにより，これらの手だてにも課題が見えてきました。まず，児童生徒の横のつながりがとれないことや，顔が見えないことへの不安が増えてきました。また，様々な手だてを講じていても，オンライン学習支援が受けられない家庭環境（Wi-Fi 環境がない，端末がない）などで学習支援が届かない家庭があることです。さらには，高学年児童生徒の高度な学習課題への対応や，中学受験，高校受験への不安などがありました。これらの課題を，つくば市教育委員会はさらに，解決していくことが求められました。

〜フェーズ2.5での取り組み　つくば市立春日学園義務教育学校　藤原 晴佳教諭〜

◀図12　Zoom による朝の会

⑥フェーズ3　分散登校開始

　5月21日から分散登校が開始され，これまでのノウハウと課題を解決しながら，登校時の学習と在宅時の学習をどうつなげていくかという視点で環境構築が始まりました。登校時に対面で行う学習をいかに家庭に持ち帰り，休校中に身に付いた家庭での自主学習の姿勢を保持しながら内容を進めていくかが重要でした。また，今後も第2波が予想されることや，今回の休校から学んだ様々なスキルを利用して，つくば市では，新たな取り組みを開始することとしました。これが「学校と家庭をつなぐシームレス教育」の原点です。

◀図13　分散登校中に Zoom を使って家庭と教室で同時につながる

⑦フェーズ4　これからのスタンダードな学びへ
〜予測困難な状況を乗り越えたのちの通常授業時におけるスタンダードな学び「学校と家庭をつなぐ」シームレス教育〜

　つくば市教育委員会は，いよいよ通常登校が始まり，これまでの学校生活が戻ることになりましたが，これまでに戻るのではなく，フェーズ1からフェーズ4までに学んだ様々な学習様式を今後の新しい学校生活様式に取り入れていくことを目指します。通常登校時でも緊急時，休校時でも同様に双方向による「つくばシームレス教育」のスタートです。

　これは，今年度進めている1人1台端末環境が実現することにより完成する教育です。学習者用端末と1人1アカウントを配付することで，学校で取り組んだ

▲図14　つくば市シームレス教育

課題をクラウドに保存し，その続きを家庭で追究することができるようになります。これにより，児童生徒は個々の興味関心に応じて学習を深めることができ，先生はそれを適切に評価することができるのです。

このように，つくば市は「誰一人取り残さない」教育のために，どんな状況下においてもつくば市の教育が受けられるシームレスな教育環境で新しい学びを実現していきます。

⑧教えから学びへの転換
～「1人1台端末」の活用～

つくば市では2020年3月に教育大綱が示され，教師主体の「教え」から「学び」への転換を図ることが示されました。今回のこの状況を経験した私たちは，改めて学校は子供が主役であり，学びにおいても子供が主体でなくてはならないという思いを強く感じました。教えから学びへの教育を実現していくための手だての一つとして，学習者用端末1人1台の端末の効果的な活用があります。

子供が主体の授業とは，子供が，ひらめき，考え，議論し，分析し，解決のために手を動かし，時には動き回る姿が見られなくてはなりません。

つくば市は，これまでも「つくば7C学習」の中でこれらの質の高い一連の学びを行うために，効果的にICTを活用してきたのです。そして，それがいよいよ求めてきた，児童生徒一人一人のものとな

り，より一層深いものにしていくことができるのです。

⑨つくば市のICT教育の目指すもの
「一人一人が幸せな人生を送れるように」

つくば市のICT教育の原点は個別最適化学習の実現です。子供たちの興味関心や思考の仕方，既有の知識，学習への理解度は千差万別であり，一つの方法だけでは十分な学びも理解も与えることができません。子供にとって最もわくわくする学びは，自分の興味関心の入り口から，世界を広げ，どうやったら解決できるか思いを巡らせ，他者と協働しながら解決していく学びです。このような，子供の個性に合わせた学習をするために，教師が，個に応じた授業ができる環境が必要なのです。それは，デジタルなしではなしえません。

そして，2020年，ICT教育は大きな転換点を迎え，待ちに待った「1人1台端末」が実現するのです。つくば市では，みどりの学園義務教育学校を始め，多くの学校のきらきらとした子供の学びの姿の中には，いつもICTがありました。この姿をより濃く，いつでも，どこでも，見られるようになるのです。そのために，教師も保護者も一体となって，この1人1台で実現する，子供たちの学びを支援していきたいと思います。そして，ICTのもたらす，よりよい学びから，一人一人が幸せな人生を送れるような教育を実現していきます。

第 3 章
学びを止めない，みどりの学園休校中のオンライン学習

休校の次の日から
オンライン学習ができた訳

つくば市立みどりの学園義務教育学校長

毛利 靖

1．3月の臨時休校

　2020年3月，突然のように臨時休校措置となりました。本校では，2月中旬から「いつ臨時休校になるか分からないから授業をできるだけ前倒ししておこう」「例年，準備に時間がかかる卒業式の練習などの行事は極力行わず，卒業式を実施する場合はほぼ練習なしでもできるものにしよう。そうして生み出した時間を授業に充てよう」「算数や漢字，理科の実験などのように，今，やらなければ，次学年の学習が困難なものを中心に学習することにしよう」と職員で共通理解を図り，各学年で最低限必要な学習内容を実施したため，3月に臨時休校となっ

▲学校でも家庭でも利用できる AI 教材

ても特に慌てることはありませんでした。臨時休校となることが決まった時点で，休校時の学園生の家庭学習の課題をどうするか考えることにしました。例年，春休みは課題を出すことはありませんでしたが，学年のまとめをすることができませんでしたから，つくば市で行っている学校でも家からでも学習できるつくば教育クラウドのeラーニング，シャープマーケティングジャパン株式会社の「インタラクティブスタディ」のAI教材を活用することにしました。

　しかし，インターネットが利用できない家庭もありましたから，「学年のまとめのワーク」を購入配付し，休校時の課題としました。また，つくば市では，臨時休校時，子供たちを預けることができない家庭に対して，学校で預かるという対策が取られましたので，本校では，登校した学園生に対して，密にならないように教室を割り当て，「インタラクティブスタディ AI 教材」の活用を図りました。

▲3月休校中に AI 教材で学習する学園生

　この時点では，少し長い春休みという感覚がまだありましたから，職員は，来年度の準備を行いながらコロナの収束を待っている状態でした。

2．4月6日始業式1日だけの登校

　3月，私たちは4月から新学期が迎えられると考えていましたが，コロナは一向に収束する兆しは見えませんでした。3月下旬には4月も登校が難しいと考え，4月6日の登校日は，7日以降の家庭学習の方法や学校からの連絡方法に絞って説明し，下校させることにしました。家庭学習の主なものとして次のことを考えました。

- 連絡はホームページと保護メール
- 家庭学習の課題は，毎週末，ホームページにアップ
- 自宅で学習しやすい単元の洗い出しと組み替え
- 教科書やワークを使って学習
- 教師によるオンライン動画を配信
- 教師との対話を図るため「せんせいあのね」新設
- インタラクティブスタディ AI 教材の活用

3．休校の次の日からオンライン動画の撮影開始

　当初，子供たちには教科書やワークを使った1週間分の課題を提示したが，とてもそれだけでは自宅学習が進むとは思えなかったため，課題を補完するものとして，ホームページにて動画で説明することを考えました。オンライン動画作成については，長続きすることが大切ですから，次のことを大切に撮

影することにしました。

- 親近感を感じるように，担任の先生が登場
- 視聴時間が長いと飽きるので3～5分程度
- 撮影時失敗しても撮り直さないでライブ感演出
- 大型提示装置にデジタル教科書を提示して撮影

　最初の撮影の日，研修をかねて，校長は撮影やホームページへのアップ方法も一緒に行いました。2日目以降も「必要でしたら声をかけてください。」と話しましたが，私に声をかけることなく，学年ごとに楽しく撮影する姿が見られました。私自身，こんなにスムーズにオンライン動画が実施できたことに大変驚きました。詳しい研修を行うことなく，オンライン動画が臨時休校の次の日から実施できた理由を考えると次のようなことが考えられます。

- 何より大切なことは，先生方からの必要感とそれをやろうとする使命感や意欲が高かったこと
- 開校以来，全教室に配置した大型提示装置にデジタル教科書を映し出し，魅力ある授業を常に実践してきたこと
- コロナ以前から，日常的に全職員が輪番制でホームページをアップしており，オンライン動画作成に関するスキルはすでに習得済であったこと

　このように，コロナ禍以前の普段の教育活動において全職員で，授業改善としてICTを工夫しながら利用していたことにより，オンライン学習にスムーズに移行できたのではないかと考えています。

▲オンライン動画撮影風景（チームサポート）

4．次々にアイディアが湧く活力ある教師集団

　私が声をかけたオンライン学習は，動画だけで，その他の手だては，職員の中からでどんどんアイディアが出されました。「動画は学園生に見てもらっているのか。評価はどうするのか。」という疑問が職員から出てくると，教務主任が「Microsoft Formsを使うと，アンケートや確認テストもホームページに貼れて，しかも，自動でエクセル集計してくれ，確認テストは，すぐに自動採点で結果を見ることができます。」と職員に説明すると「皆，便利だね。」と早速活用してくれました。使い方を見ていた教頭は毎日の職員の健康観察表を取りまとめるのに苦労していましたが「これだ。」と言って，次の日から職員にMicrosoft Formsで作った健康観察のメールを送っていました。このように，誰かがアイディアを思いつくと，それをみんなが喜んで真似するという良い雰囲気の教師集団がさらにICTスキルを高めていっているのだと，とても感心しました。

5．さらに休校が続き本格的にオンライン学習開始

　5月も休校が決まり，私たちもいよいよ本格的に学習に取りかからなければならないと考え始めました。4月27日からは，学習計画に沿った動画を制作し，それに連動した確認テスト等をMicrosoft Formsで作成し学習評価を行うなど，自宅で学習できるシステムを教師自らが構築していきました。

　さらには，家庭でも問題解決的学習ができるようにプログラミング教材の課題を出してみたり，受験生である9年生（中学3年生）に対して，分散登校時にLTEモデルのタブレットを家庭に持ち帰らせてZoomやグループウェアであるスタディノート10を使って，朝の会から帰りの会まで，教科担任が入れ替わり授業を行う姿は，学校と家庭での学習がシームレスになって，もし，コロナの第2波が来たとしても，慌てることなくスムーズにオンライン学習に移行できるという自信がみなぎっているように見え，とても頼もしく感じました。

　こうしたことが無難に使いこなせるのも，日頃からICTに親しみ，授業改善のために活用してきた成果と言えるでしょう。

▲オンライン朝の会を行っている9年担任

オンライン学習成功の秘密を探る

玉川大学教職大学院教授

久保田 善彦

1．はじめに

　オンライン学習と聞くと，ビデオ会議のように同時双方向型の授業を思い浮かべる人が多いようです。ただし，臨時休業中に同時双方向型の授業を実施した学校は5％しかありません（令和2年4月16日時点）。多くのメディアは"5％"を取り上げ，オンライン教育の遅れを指摘しています。しかし，同時双方向型の授業だけがオンライン学習ではありません。オンライン学習には様々な手法があり，それぞれに強みと弱みがあります。みどりの学園は，複数の手法を上手に組み合わせることで効果を発揮した良事例です。本章は，コロナ禍のオンライン学習をみどりの学園の事例から整理・検証し，ポストコロナに向けた学びを検討します。

2．方針決定の当日に完成した動画コンテンツ

　臨時休業が決まってすぐ，動画コンテンツを配信するとの方針が決まります。決まった当日に「かけ算九九」のコンテンツが完成，配信されました。そのスピード感に感心します。通常であれば，あちこち（教育委員会や隣の学校）に確認を取り，校内で委員会を立ち上げてスタートするのでしょう（実際には，教育委員会からの指示待ちが多かったようです）。緊急事態宣言下のみどりの学園は，校長先生自らが動画の撮影を開始します。若い先生が編集をします。それを見ている先生が簡易マニュアルを作成し全職員と共有します。翌日には全職員が動きだしたのです。誰もが初めてのパンデミックです。マニュアルはありません。全員がその場で考え，即実行する。その中でルールや組織が形成されます。中原淳研究室（2020）の臨時休校に関する調査では，

　高校生であっても休校期間中に学校がやるべきことを発信しなければ，62％は何をしてよいのか分からず，学習時間は伸び悩むそうです。「学校からいち早くメッセージを発すること，働きかけること」が不可欠になります。みどりの学園は，動画コンテンツをホームページに掲載し，それを保護者と学園生にいち早くメッセージと共に発信したのです。

　動画コンテンツ作りが教員研修の機会となっていることも見逃してはいけません。動画コンテンツは複数の教員が協力して作成しました。経験の浅い先生や初めて教壇に立つ先生が経験豊富なベテランの先生と作成します。動画コンテンツの企画を議論する中で，学習の本質や授業デザインのコツを学びます。また，ベテランの先生の巧妙な話術から授業技術を学びます。ベテランの先生も，若い先生から若者（学園生）が興味をもつ動画作りを学びます。オンライン学習への対応が，職員の同僚性を醸成しました。教員誰もが，ICT技術だけでなく授業力の向上を感じているようです。もちろん，みどりの学園は，これまで学校生活の様々な場面で教師も学園生もICTを使いこなしてきました。日頃から教師がICT活用の効果を実感しているからこそ，一丸になれた面もあるでしょう。

　さて，インターネットには既存の動画コンテンツがたくさんあります。みどりの学園は，それらよりもコンテンツを自作することにこだわりました。その理由は，親しみやすさです。新学期はクラスも先生も替わります。そこに今回の臨時休業です。いつも以上に不安な新学期です。新入生は特にそうでしょう。先生方は，学習の遅れより先に学校や教員との心理的距離を近づけるためのコンテンツを作成しています。飾らない先生の姿から担任の人となりを知らせたい。スムーズに学校に適応できるように施設や学習ルールを知らせたい。先生や学校に親近感をもってもらいたいという願いが込められています。アクセス数が飛躍的に伸びた理由はそこにあるのかもしれません。

3．柔軟に構築されたオンライン学習システム

　動画コンテンツの作成と配信に慣れてきた頃，アクセスが集中しホームページが閲覧しにくくなります。掲示も増え続け，目的の情報を見つけられなく

なります。そこで，一部のコンテンツを外部サーバに移したり，学年ごとに部屋を整理するなど，アクセスしやすい環境を構築します。動画コンテンツの配信は一方通行です。理解できたのか，課題は解決できたのかと教師は不安になります。子供も保護者も不安です。そこで，Webサービスのアンケート集計やメールを使い，家庭と学校の双方向な関係を構築します。インターネット環境がない家庭も学びを止めるわけにはいきません。コンテンツをDVDに入れて配布したり，学校のタブレットを貸し出します。動画コンテンツのコンセプトも変わります。4月は学校や先生に親しんでもらう情報を中心にしていましたが，休業が長期化すると新学年の学習にシフトします。それに伴いWebサービスのテスト機能を活用し理解状況を評価します。子供からのレスポンスはコンテンツ制作にすぐに生かされます。まさに，指導と評価の一体化です。これまでAIドリルは前学年の復習に使っていましたが，新しい内容の定着にも活用します。また，知識の詰め込みにならないように，学園生の興味・関心を刺激し，思考を促す探究的な課題も出題されます。後半はインフラが整い，LTE付きのタブレットを貸し出します。協働学習ソフトを使ったいつもの学園の学びに加え，同時双方型の授業も気軽にできるようになりました。

　すべてが初めての試みです。動きだしたからこそ分かる課題があります。環境も徐々に変化します。それらに柔軟に対応しながら，オンライン学習の形を変えています。複数のツールを組み合わせることで，オンライン学習が"システム"として機能し始めたことが分かります。

4．縦のつながりに横を意識させるホームページ

　自宅に部屋があっても学習室や図書館で勉強する子供は多いようです。周りに同じ学習をしている仲間がいるだけでも，学習意欲が高まります。通常授業だと，教師と子供に加えて子供同士もつながり，縦と横に関係が広がります。しかし，オンライン学習は，横つまり子供同士のつながりを意識しにくいという課題があります。大学などが提供するオンライン講座のMOOCsは，課程を修了する率が低いようです。横のつながりが薄いことも原因でしょう。

　みどりの学園のホームページは，Webサービス

で集められた子供たちのつぶやきや作品などを次々に掲示しました。その掲示から友達に共感したり刺激を受けたりします。緩やかな横のつながりを保障することで，学習意欲が高まり維持したようです。

　臨時休業中は，自分自身で生活や学習のリズムをつくる必要があります。うまくいかないときは自分で改善しなければいけません。この力を自己調整力と言います。「主体的に学習に取り組む態度」の重要な要素です。自己調整力の原動力は，学習意欲です。横のつながりや，多様な学びの提供が学習意欲につながっています。自己調整力のもう一つの柱は，現況を客観的・批判的に振り返ることです。友達の様子が分かることは，自分を客観視することにつながります。もちろん，学習計画表や学習認定書などを使い，学びの足跡を可視化させ，それに教師がアドバイスするなどの支援も綿密に行っていることも影響しています。

5．Withコロナ，ポストコロナとの接続

　令和2年6月11日の文部科学省初等中等教育局の検討資料には，臨時休業中のオンライン学習を今後の教育にどのように生かすべきかの指針が提案されました。みどりの学園の先生方も，再開後の活用をイメージしてオンライン学習を作り上げています。動画コンテンツやWebサービスの小テストは，学校が再開されても，授業中や家庭学習で活用できます。家庭で取り組んだAIドリルのスタディログは教員が確認することで，対面授業を改善しています。休みがちな子がオンライン学習に積極的になるなど，新しい学びを経験することで，自分に適した学びを発見した学園生もいます。今後，自分に適した方法を選択して学びに参加させることも検討しています。

　みどりの学園の成功は，先生方がSociety5.0に向けた個別的適正化された学びをイメージしながら，コロナ禍の対応をしたことにあると考えます。

　ここで解説した取り組みの詳細は，以後の章で確認いただけます。技術的な面も含めて参考になります。

【参考文献】
中原淳研究室 (2020)，そのとき学びに何が起こったか，
http://www.nakahara-lab.net/blog/wp-content/
uploads/2020/06/online_manabitomeruna2020-1.pdf
(2020.06.20)

休校中，分散登校中の オンライン学習の流れ

谷川 康一

はじめに

　「学びを止めない」ことは「子供たちの学びを止めないために」と意気込んでスタートしました。これまでを振り返ると，教職員集団も学びを止めなかったことこそが，成功の秘訣だと考えます。みどりの学園義務教育学校のホームページ（以下，HP）は長期にわたる臨時休校中に大きく変わりました。その変化には様々な効果や課題を反映し，今のHPに至ります。

1．休校，分散登校のオンライン学習

（1）4月臨時休校継続が決定〜課題提示期

　3月下旬，始業式や入学式の延期が決まりました。ICT機器の環境整備が進められたことは，この後のオンライン学習に役立ちました。長期休業中の教員は，主題研修や生徒指導研修など，校内研修を前倒しするのだろうと，子供の学びの保障を考えるには至りませんでした。

（2）まさか私たちがYouTuberに〜教師発信期

　始業式だったはずの日。限られた時間の中で，担任紹介を教室の中で行い，新しい教科書とお便りを手渡し，「チャレンジングスタディ」のログイン方法を確認しました。わくわくドキドキの新しい出会いも，あっという間に終わりました。ほんのわずかな時間でした。翌日は1年生の教科書の配付日です。例年のような雰囲気はなく，感染拡大予防のため短時間での説明会でした。短い時間の中でも，子供たちや保護者のみなさまにできる限りの安心感を抱いていただけるよう，安全と衛生面を十分に考慮しながら全教員で迎え入れとお見送りを行いました。

▲図1　ICT部員による動画作り

　この直後に，「学びを止めない」活動が動き始めました。最初に作ったのは「かけ算九九」の動画です。「2年生の簡単なかけ算は今から唱えていたほうが定着するだろう。」という意見が先生方から挙がったことがきっかけでした。早速動画作りをスタートしました（図1）。

（3）すぐに情報拡散できる教員集団

　動画の作成方法，アップロードの方法が分かった時点で即各学年の先生に伝えていました。すぐに情報共有ができた理由は2つあります。1つ目は，学年に1人ICT部会員がいたからです。ICT部会員は，大まかな流れを説明してくれます。分からなくなった時にはその都度互いに尋ね合いました。気軽に情報連携ができる教職員集団だと感じました。2つ目はMicrosoftの「Teams」という情報共有アプリを用いて，オンライン学習の動画の作成方法を全職員と共有したことです。

（4）学力保障重視から作り始めた動画

　「学びを止めないように」と肩肘を張ると先生方は頑張りすぎて，一本の動画時間がどうしても長くなります。校長は職員会議の中で「水の中で息が続くぐらいの，自然体な動画，5分程度の動画がいい。」と伝えました。時間を意識しすぎると今度は早口になりがちです。どの学年のオンライン学習動画も，笑顔を心掛けていることからスタートし，視聴する子供たちも笑顔になる，何回も見て楽しめる，動画作成も個々ではなく，学年や同じ教科の先生で楽しみながら行っていました。

(5) 子供たちは学びも「出会い」も
　　楽しみにしている

　分散登校が始まってから分かったのですが，子供たちと一緒に保護者の方も動画を視聴していました。「そうやって学習するのか！と私も勉強になりました。」という保護者の方もいたり，「いつも子供と一緒に楽しく見ています。」と伝えてくれたりする方もいました。なかでもうれしかったことは，これまでお子さんが学校に行き渋っていた保護者の方のお手紙です。「先生たちの楽しそうな姿を見て，ようやく学校に行きたくなったそうです。本当にありがとうございます。」という内容でした。そのような言葉を多くの先生方がいただきました。

2. 子供たちの思いをもとに動画を作成（双方向開始期）
（1）アンケート機能を活用して

　教師は，視聴回数を見て動画作成の継続の励みにしていました。しかし，一方通行の配信は不安が募ります。子供の様子が知りたい，動画の反応が知りたいと考えました。そこで，学校 HP に Microsoft Forms を使い，「せんせいあのね」というページを新設しました。このページはその日の体調や今日頑張ること，先生に伝えたいことなど何でも書くことができます。オンライン学習動画へのコメントも届くようになりました。さらに，子供たちの声を反映できるよう，アンケートを取ったり，学習したことを振り返ることができるようにしたり，小テストができるようにしていきました。

（2）うれしい悲鳴

　アクセス数も大幅に増え，先生たちもたくさんの動画をアップロードしていくことでデータ量が増えました。すると HP を開くのに時間がかかるという問題が起こりました。また，臨時休校中は児童クラブの子供たちの受け入れもあり，その子たちも動画を視聴します。プログラミングをしたりもすることで学校内 LAN 回線も遅くなりました。そこで，動画用の特設サイトを作成しました。また，オンライン学習動画を見たいけど，家庭の事情等で動画を視聴できない家庭にはこれまでの動画を DVD や学校用タブレットに動画データを入れて貸し出しました。動画は学年で作成していたので，最初は元デー

タの保存先が分からず，集約に大変苦労しました。さらに，高校入試を控えた 9 年生から，リモート学習を始めました。分散登校開始と同時にリモートでも学ぶことができるように，ICT 機器を調達し，教師集団で研修を重ねました。

　分散登校日，ログインの方法や使い方を確かめ，学習の進め方を一緒に確認しました。2 度目の分散登校日，教師と登校生徒，自宅待機をしている生徒のリモート学習は，画面に顔を出さなくてもよいことにしました。そのおかげで，これまでクラスで一緒に学習することが難しかった生徒が，出席できるようになりました。久しぶりの学年全員出席に 9 年生の生徒と先生は大変感動していました。オンライン学習だからこそ実現できた全員出席でした。

3. 教師と子供，学校と家庭，
　教師と教師をつないだオンライン学習

　計画を立てて進めてはきましたが，機械はトラブルがつきものです。授業もすべてうまくいくとは限りません。オンライン学習からリモート学習，分散登校，分散教室と様々な学習スタイルを試していきながら，それぞれの良さや課題を話し合っています。臨時休校時も分散登校時もトライ＆エラーを繰り返しながら改善を図ってきました。そこで得たことは，やはり ICT 機器は「つなぐ・つながるためのもの」だと感じました。これからも学び続ける子供たち，教職員チームでありたいと考えます。

　それぞれのツールの使い方や実践事例については次からの章をご覧ください。

▲図2　国語のデジタル教科書を使った動画

学校家庭でシームレスにインタラクティブなオンライン学習を実現したクラウド型グループウェア

実践者

中嶋健二・青柳可奈・宮本莉歩

1．テレビ会議の学習は一斉学習になりがち

本校では，テレビ会議でのオンライン学習を行っています。一見，先進的な学習のように見えますが，40人の子供たちと学習する場合，双方向で行うことは難しく，教師による一斉学習になることが多くありました。その理由として，画面共有を一人一人が行うと時間がかかり，全員の発言は難しくなります。また，学校の回線速度の問題もありますが，学級の生徒のビデオを全員表示すると，音が切れたり，ソフトが落ちたりすることもありました。さらに，ビデオの画質が悪く，大型提示装置やホワイトボードに書き込んだ文字が見えにくいなどの問題もあります。

そこで，個に応じた問題解決型の学習を行うために，クラウド型グループウェア「スタディノート10」を活用することにしました。

2．スタディノート10の機能について

つくば市内小中学校では，各学校同士で協働学習ができる校内サーバ型グループウェアであるスタディノート9をこれまで利用してきました。これは，とても便利で，自分が作成したプレゼンデータを電子掲示板に掲載すれば，他校からも見ることができます。また，自分の資料と友達の資料を合体させ，共同研究とすることができます。さらには，教師が提示した課題を，各学園生に配信し，受け取った学園生は，自分のタブレットに表示された課題を自分で考え，自分の考えを教師に送信すると大型提示装置に全員の考えが表示されます。それを使って，アクティブ・ラーニングや問題解決型の学習を展開できるのです。こうした，素晴らしい機能をもつスタディノート9でしたが，学校内のサーバを利

用しているため，休校中の家庭から利用できませんでした。そこで，家庭でも利用できるシステムとして，クラウド型グループウェアである「スタディノート10」を活用することにしました。下図のとおり，クラウドを活用するため，学校，家庭，病院などからインターネットにつながれば，どこからでも参加できる仕組みとなっています。

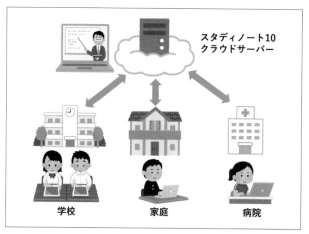

▲スタディノートの活用

3．分散登校で活用したスタディノート10

クラウド型に変更しても，家庭にインターネット回線がなかったり，子供が利用できるパソコンがなければ利用することができません。そこでつくば市は，LTEとタブレットをセットにしたパソコンを700台整備しました。そのモデルケースとして本校はいち早く活用を開始しました。

5月20日から，小中学校で分散登校が開始となりました。まず初めに受験生である9年生（中学3年生）が活用することにしました。分散登校初日の時間を使ってスタディノート10の使い方を練習しました。学園生が使い方を習得できるか心配しましたが，日頃からタブレットやスタディノートを活用していましたので，操作に戸惑う学園生はほとんどいませんでした。Zoomで音声を使い，画面は，スタディノート10を使いました。健康観察でも活用しました。写真と今の健康状態を書いて送信させました。生徒の元気な笑顔が見られて担任も安心していました。スタディノート10とZoomを併用すると，Zoomは音声のみでも十分なコミュニケーションがとれます。学級全員でビデオ画像と音声を同時に利用するとフリーズしたり，ソフトが落ちたりすることがありましたが，安定したオンライン学習ができるようになりました。

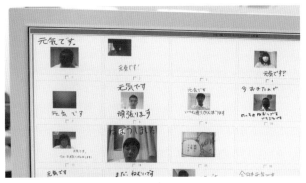
▲健康観察で学園生から送られた画面

▲家庭にいる学園生の健康観察する担任

4．社会科の実践

　社会科の歴史の学習では，第一次世界大戦後の
ヨーロッパについて授業を行いました。まず，教師
が第一次世界大戦後のことを話し合ったベルサイユ
条約についてデジタル教科書で説明しました。

▲スタディノート 10 での社会科の授業

　写真は，ベルサイユ条約について，教師が説明し
ている様子です。音声は Zoom で行い，画面はス
タディノート 10 を活用しています。
　説明後「この条約で何が決まって，それに対して
ドイツはどう思ったか」というワークシートをスタ
ディノート 10 で学園生に配信しました。学園生に

はじっくり考える時間を与え，書き込ませました。
すると，普段の学習では自分の考えを発表しないよ
うな学園生も書き込み，これまで以上に多様な意見
が出る学習となりました。

▲社会科の課題に書き込みをしている学園生の画面

5．子供の主体的な学習を目指して

▲教師からの課題に取り組む学園生

　この形態のオンライン学習システムで国語，社会，
数学，理科，英語などで行いました。思いがけず，
この学習をしてよかったことは，コロナが不安だっ
たりして学校に来られなかった学園生が参加できた
ことです。通常登校になってもこのシステムを学校
でも利用して，子供一人一人に対応した主体的な学
習を行うとともに，万一，コロナの第 2 波が来た場
合を想定して備えていきたいと考えています。

学校でも家庭でも学習履歴がとれる つくば教育クラウドeラーニング 「つくばチャレンジングスタディ」

実践者

秋本 淳

1．家庭でも学べる学習システムから始まる

つくば市では，2004年度から，学校だけでなく家庭からもパソコンのインターネットを使って学習できる「つくばオンラインスタディ」を運用してきました。パソコンとインターネット環境があれば，どこにいても学習できることが魅力的です。各教科の基礎基本を学習する問題や知識技能を定着させるための練習問題，発展的な学習につながる応用問題などをクイズ感覚で学習できるので，子供たちも意欲的に学習することができます。

家庭学習だけでなく授業中にも活用しています。

2．学年，教科を超えたいつでもどこでも学べる学習システムへ

「いつでも，どこでも，だれでも，どんな教科も学べるものに」，「授業内でもさらに活用できるよう学習進度や理解度も分かれば…」保護者や教職員の願いを受けて，2017年，家庭からも学習できるつくば教育クラウド「つくばチャレンジングスタディ」にバージョンアップして，生まれ変わりました。マルチデバイス（Windows・iOS・Android他）に対応し，インターネットさえあれば，パソコンだけでなくタブレット，スマートフォンからも利用できるようになりました。

収録コンテンツは，小中学校5教科7万問と豊富です。子供が自分のペースでどの学年のどの教科も利用できるようになり，活用の幅がさらに広がりました。例えば，小学生が中学校英語の学習を行ったり，苦手な算数を下の学年，さらに下の学年に戻って学習したりすることができます。特別支援学級では「学級の中で，実態や理解度にばらつきがある児童たちがいるので，これだけの問題数があると，活用しやすい。」と，子供たちが自分の実態に即して課題を選択して取り組むことで，有効な支援となります。どんどん解ける子は応用問題に進み，うまく解けない子は，解説やヒントが出て基礎問題に戻るなど，正答率によって，次に出題する問題が変化するAI型のeラーニングの仕組みです（図1）。

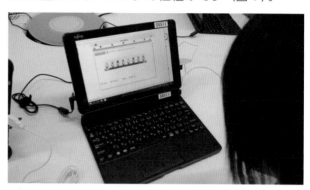

▲図1 チャレンジングスタディの仕組み

また，本システムは学習履歴が残ります。教師が指導する上で，子供の理解度や進度などの実態を把握し，よりよい指導に生かせるようになりました。子供たちにも学習進度表が用意されており，自分の学習状況を把握しながら計画的に学習を進めることができます。学習進度表は，学校で1人1冊配付されますが，足りなくなったらホームページから印刷できます（図2）。

各教科の修了者にはチャレンジングスタディ認定証が授与されます。子供たちは達成感を味わうことができます。みどりの学園は2019年度は，470枚の認定証が授与されました。教師も子供たちの努力を認め，励ますことができました。

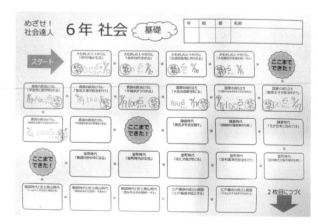

▲図2 チャレンジングスタディ学習進度表

3．臨時休校中でも活用を

4月，コロナ禍で臨時休校となり，家庭学習を進

めることになりました。その一つとしてつくばチャレンジングスタディの活用を計画しました。4月中旬に，「インターネット利用状況アンケート調査」を各家庭にお願いし，ほぼすべての家庭にインターネット利用環境が整っていることが分かりました。しかし，利用できない家庭には，休校中の学習支援におけるパソコンを利用できるように学校を解放しました。学校に来てパソコンを使う学園生は5名でした。それによって，全員の学びを保障することができました。また，休校中に，児童クラブの子供に学校教室を解放し，ノートパソコンを貸し出しました。学習進度表を確認しながら，自分の学習したい内容を選んで自主的に学習している姿も見られました。

NO.名前	開始画面	累計					残り試行回数
		画面数	得点	配点	得点(%)	時間(分)	
1.	発展問題	41	90	140	64	6	0
2.	発展問題	22	135	140	96	3	0
3.	発展問題	22	135	140	96	4	0
4.	発展問題	18	140	140	100	1	0
5.	発展問題	48	85	140	60	10	0
6.	発展問題	45	75	140	53	19	0
7.	発展問題	45	75	140	53	15	0

▲図3　児童生徒の学習履歴を確認できる画面

　学習進度表での実態把握においては，教師がおおよその理解度を知ることができますが，子供たちがどこにつまずいているか，どんな支援が必要かを把握するには，不十分です。そこで教員は一人一人の学習履歴をオンラインで確認することができます（図3）。5月下旬の分散登校の授業で，チャレンジングスタディの学習履歴を活用した授業も行いました。9年生の数学「多項式」の単元では，休校期間中の内容が身に付いているかを確認しました。学習履歴から，子供たちが因数分解の仕方に課題があることが分かり，授業の進め方を変更するなど，毎日の授業改善に生かせました。6年生の算数「分数のかけ算・わり算」においても，前学年の学習内容の「約分」の理解が不十分であることが分かりました。これは，学習進度表などからは把握できない内容です。個に応じた支援計画を事前に準備することが可能になりました。

　学習履歴は学習進度や理解度を一目で確認できるだけでなく，グラフやヒストグラムをファイルにしてダウンロードして，効率的に評価ができます。活用した9年生も，「この休校期間中に，学習の進度などには不安がありましたが，自分で履歴など見ながら苦手なところを集中して学習できたのでよかったです。」と話していました。休校期間中も学びを止めない手だてを進めてきました。それによって子供たちの学び方の変化も見えつつあります。保護者の仕事や育児などで，家庭で過ごすことが難しい児童生徒は，休校期間も登校していました。学校であっても，家庭学習と同じように，自ら学習を自らのペースで進めていました。子供には，それぞれの学習スタイルがあり，選択させることが大切であると感じました。

4．今後の活用への願い

　つくば市では，このシステムを普段の学習の他，特別に支援を要する子供たち，貧困対策として塾に行けない子供を対象とした放課後学習，病院に長期入院している子供が通う特別支援学校訪問学級，不登校などで学校に登校できない子供への利用を行うなどすべての子供への対応を行っています。現在「つくばチャレンジングスタディ」は，子供の正答率によってAIが問題の難易度を変えて対応しているが，今後はAI技術をさらに駆使し，子供の学習履歴をビッグデータとして活用することでさらに一人一人に対応したきめ細かな学習の実現が期待されます（図4・5）。

▲図4　学校での利用風景

▲図5　家庭での学習の様子

担任が創ることで
子供との絆を深める
「オンライン動画」

実践者

前田 邦明

1．動画でつながる

「学園生のためにオンライン動画を作成しましょう。」

4月新年度に入ってすぐの職員研修で決定されました。4月6日の登校日、新しい教室で新しいクラスの友達、新しい先生との出会いで心弾ませる日になるはずでした。しかし、新担任は教室で自己紹介もそこそこに、翌日からの休校期間に、学習課題にどう取り組むかを説明しました。前年度の復習問題などを教材として持たせましたが、家庭で計画的に取り組むことができるのか、教師は正直不安でした。

新年度のスタートとして、先生と子供、学校と家庭のつながりを築きたいという思いが強くありました。そこで本校では、「学園生のために動画を作成しましょう。」と、自作の動画をインターネット上にアップすることを決めました。動画というメディアを選んだ理由は、デジタルネイティブな子供たちは、静止画より興味をもち、抵抗なく参加できると考えたからです。家庭によってインターネット環境機器に違いがあり、協力が得られるかに不安もありました。しかし、動画だからこそ、家庭のパソコンだけでなく、スマホやタブレットを使い、様々な時間や場所での視聴が可能です。自分のペースに合わせて繰り返し見直すことができます。世間一般には、様々な教育用動画やインターネットコンテンツが公開されています。しかし、我々は撮影、出演、編集を自分たちで行うセルフプロデュースにこだわりました。最大の懸念事項、心埋的距離の乖離を解決するためです。先生たちの顔と言葉が直接学園生に届けられ、より学校や先生たちに親しみを感じてくれ

ることを望んだのです。

2．動画作成とチームワーク

ただ、これまで動画作成の経験があったわけではありません。突然の企画でもあり、先生たちには戸惑いや不安がありました。しかし、そんな不安はすぐになくなりました。企画が決定されたその日のうちに、校長先生自らカメラマンとなり一本目の動画が撮影されました。予想外に簡単にできたことに驚きました。基本的な動画の編集と、アップロードの方法が伝達されると、翌日からは新任の先生も含めた新しい学年スタッフによる学年ごとの撮影が始まりました。カメラの前で話すことに慣れない先生たちです。NGを出したり、ダメ出しをされたりしながらも、終始笑顔の絶えない撮影作業が進められました。高い完成度を求めず、少々のミスも愛嬌です。基本的に編集なし一発撮りにしました。ハードルを上げなかったので、やらされるという感じは全くありませんでした。先生たちから自然といろいろなアイディアが生まれ、共同で創り出す喜びを感じることができました。先生たちの特技や良さが生かされるなど、意外な一面が見られたことも収穫です。4月の早い段階で、教員同士の強い結束が生まれました。

▲学年職員が出演し、楽しく学べる動画に

動画がたくさん完成するとアップロード作業にも時間がかかります。義務教育学校である本校は9学年と特別支援チームの10の学年があります。それぞれがYouTubeアカウントを取得することで、アップロード作業の効率化を図りました。最初は手持ちのビデオカメラで撮影していましたが、まもなく機器の主流はタブレット端末に替わりました。最初は、撮影はビデオカメラ、編集やアップロードはパソコンと、作業工程で使い分けていました。しか

し，タブレットはそれ1つで撮影から編集，アップロードまで簡単かつスピーディーに進められます。学年間で情報を交換し，テロップや効果音など新しい編集技術も取得しました。新採用や若手の先生は編集に長けています。上手に作業分担することで，協働作業が自然と進み，投稿動画の数，質ともに急速に拡大していきました。

3．休校の長期化で求められた変化

　初期の動画の内容は，新しい学年の先生たちの自己紹介がほとんどでした。学年職員でダンスを踊る動画，歌う動画，学園マスコットによる人形劇もありました。1年生は学校生活が初めてです。靴のそろえ方，掃除の仕方などの生活に関する動画を多く配信しました。9年生は受験生としての心構え，学習の進め方などに関する動画を配信しました。学年の発達段階に応じて，工夫が凝らされ，多様化しました。ホームページの閲覧数が，通常1日あたり300〜400アクセスだったものが1日15,000アクセスを超えるほどになり，確かな手応えを感じました。ホームページ上のアンケート機能である「せんせいあのね」の投稿からは，直接に学園生や保護者からの動画に対する感想が届くようにもなりました。どれも好意的な内容で，先生たちの励みになりました。登校初日以来，学園生と先生が会えない状況だったので，「動画で学年の先生の顔が分かった」，「先生たちの元気そうな姿を楽しみに見ている」，「動画を参考に課題に取り組んだ」といった声が寄せられました。動画を通じて家庭との心理的距離を離さないという動画作成の目的にかなったものでした。

　休校期間の延長が決まると動画の目的を，これまでの見て楽しめる動画から学習支援のためにシフトチェンジしました。年間指導計画に応じて，教科書の内容に則した動画，家庭学習の進め方を提示する動画が作られました。体育の体力づくり運動，理科の実験，家庭科の調理実習や被服製作など実習を伴う動画は，休校中の家庭学習の支援になりました。登校再開後の授業でも，教材として視聴しています。

4．課題と展望

　オンライン動画をいつでも見られるようになったことは，教員にとっても大変有益です。作成した動画が，そのまま授業研究の素材になったのです。教員同士の授業相互参観は，頻繁に実施できません。他教科や他学年，様々な年齢や経験の先生の指導を見ることができ，若手教員をはじめ，自主的な授業研究が進みました。また，自分の授業動画を客観的に見ると，話し方，テンポ，癖などの気付きがあり，授業改善をするきっかけを与えてくれました。

　多くの有用性が感じられたオンライン動画の取り組みですが，課題もあります。自宅のインターネット環境がWi-Fiでないために，通信料がかかり視聴できないという相談がありました。自宅でインターネットを利用できない家庭には，動画データをDVDにして渡すことで対応しました。また，DVDが再生できない家庭には，再生機材とともに貸し出しました。

　最初の動画を配信して2か月余りで，公開された全動画の数は504本，視聴回数の合計は47,000回を超えました。導入の時点で，全く抵抗がなかったわけではありませんが，様々な利点が見えてきました。学園生のために教員のためにも本当に取り組んでよかった実践です。家で過ごす学園生の様子を想像しながら，どの学年もどの先生も熱意をもって動画作成にいそしんでいました。年度始めの学級経営が大切な時期に，学校と家庭の連携，教師と子供のつながりを密にできたことが最大の成果です。

「オンライン動画」の つくり方, ポイント, 工夫点, 留意点, 機材

実践者

前田 邦明

1. 導入にあたって

オンライン動画の作成というと, 作品に大きな責任を感じる教員も多いようです。内容を確実に伝えられる完成度の高いものを, 先生たち自身が求めがちです。インターネット上には様々な教材動画がありますが, いきなり同じものは作れません。先生たちが出演する動画の良さは, 先生たちの顔や声が出ることです。いつも以上にテンションを上げて, 笑顔と元気を前面に出していきましょう。多少のミスや言い間違いも, 授業の中では普通に起こるものです。それも含めて見る人にとっては親しみやすい動画になるはずです。動画作成の初期の段階は, ハードルを低く設定し, まずは, やってみてほしいと思います。また, 管理職は先生たちに任せてみようという気持ちが大事です。みどりの学園の成功の鍵はそこにあると思います。

▲図1 学年ごとに工夫を凝らして撮影作業

2. 内容について

動画の魅力の一つは, 通常の授業とは違う学習形態の設定ができることです。普通の授業では, 教室に先生が一人だけですが, 一度に多くの先生が登場することができます。先生が生徒役になったり, 複数人で掛け合いをしたり, リズムよく進む授業には, 子供にとっては通常の授業以上に引き付けられるものになります。

その一方で動画だからと特別な演出をすることなく, 通常の授業と同様, 使いやすい教材をそのまま使用できます。電子黒板を使ってデジタル教科書のコンテンツを利用したり, プレゼンテーションソフトのアニメーション機能を使ったり, 通常の授業で使用していることをそのまま使うことができます。

ただ, 通常の授業のような双方向のやりとりをリアルタイムでできるわけではありません。動画の配信は先生から子供たちへの一方向の学習になる面は否めません。そこで, 積極的に子供たちの反応を求めました。ホームページ上の「せんせいあのね」を使って感想を送ることをお願いし, 自宅学習後に取り組む Microsoft Forms へのリンクの仕方や回答方法を, オンライン動画内で, 説明しました。寄せられた感想を, 別の動画内で紹介しました。

作成する動画の時間も重要です。最初は撮影が大変にならないように, 3分以内の短い動画にすることを心掛けました。慣れてくると次第に長くなりましたが, 長すぎると飽きてしまいます。低学年になるほど, 集中して視聴するのに適した長さは短くなります。学年相応の時間内に収める工夫が必要です。

▲図2 オンライン動画のホームページへのアップをしている様子

3. 撮影について

最初の動画は一眼レフカメラの動画機能を使いました。デジタルビデオカメラやタブレットも使いました。利便性を考えるとタブレット端末が有効です。しかし, それぞれの良さがあります。ビデオはマイク性能がよく, 音を大きく拾える点や, ズームがス

ムーズな点で使い勝手がいいです。デジタルカメラは画角が広く，出演者が近くにいるような画面になります。手ぶれを防ぐために三脚に固定します。動きのある映像は手持ちのカメラで撮影します。タブレットはかなり近くから撮影しないと，音が小さくなってしまうようです。

4．編集について

最初は，前述のように多少のミスも OK とし，編集なしの一発撮りでした。慣れてくると，切り取って短くしたり，2本の動画をつなげたりという簡単な編集を，パソコンの編集ソフトを使いました。動画サイズもソフトを使って統一しました。iOS の iMovie では，様々な編集機能があり，タブレットでも十分なコンテンツが完成しました。タブレットの問題は，容量が小さいので，たくさんの動画を保存しておけないことです。動画をバックアップし，一元管理する装置が必要になります。

本学園では，先生たちの試行錯誤と情報交換で全体的に技術向上が進みました。動画編集に詳しい先生がいるので，高度な動画編集ソフトも活用しました。

5．公開について

当初，学園のトップホームページ上に複数の動画を並べたので，サイト自体が重くなりました。すぐに各学年の動画専用ページを作成しました。それでもアクセスが集中したときはつながりにくくなりました。結局は学園ホームページとは別のサイトで運営しています。

動画の作成が軌道に乗ると，全部で 10 の学年が 1 日数本ずつ動画を作成するようになり，アップロード用のパソコンの使用希望が渋滞状態になりました。YouTube のアカウントを学年ごとに取ったことで，アップロードは効率的に進みました（図3）。

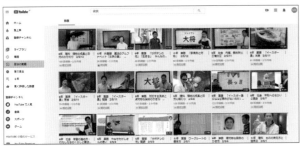

▲図3　学年別の YouTube アカウントを取得し動画管理

また，タブレットから直接アップロードする割合が次第に高くなりました。

動画名には学年，教科，単元名を入れ，編集リストにまとめます。最新の動画を見つけやすくするために，ホームページで最新動画の投稿をお知らせし，編集リストの一番前にくるように設定しています（図4）。

▲図4　動画特設の学校ホームページ

実践-5　オンライン動画の紹介

1年　学級活動　朝の準備の仕方

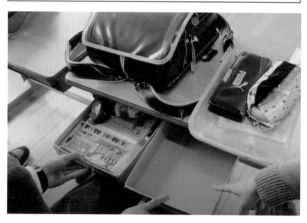

　1日も学校生活を送ることなく臨時休校になった1年生に向けて，ランドセルの片付け方や名札の付け方などを説明した動画です。担任が実演したり，学園マスコット登場させたりすることで，学校を身近に感じられるよう工夫しました。間違えたランドセルのしまい方も説明することで，学校再開後の指導にも活用することができました。

実践者：佐々木 美由紀・生田 しのぶ・中野 理絵・
鈴木 真理子・古瀬 瑞恵

2年　音楽科　鍵盤ハーモニカ

　鍵盤ハーモニカを使って，指使いや演奏の仕方について説明した動画です。ビニール手袋に音階や指番号を書き，指をアップで撮影したことで，正しい指使いで演奏できるよう工夫しました。また，簡潔に説明しながら演奏したり，キーワードに字幕を入れたりすることで，より分かりやすく，家庭でも取り組めるようにしました。

実践者：坪井 久美子・大塚 貴子・長峰 美咲

3年　算数科　「大きな数の足し算・引き算」

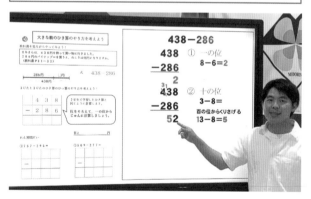

　単元の見通しをもち，重点を絞って短い時間で学習効果が出るように，動画を作成しました。模擬授業形式で行い，教師が子供役となって，正答や誤答を発表し，特に誤答では，子供が間違いやすいところに焦点を当てられるようにしました。
　動画作成を通して，教師側も教材研究に力を注ぎ，指導力向上に結び付きました。

実践者：熊谷 彰子・中村 佳子・
瓜阪 亮磨・糸賀 一真

4年　社会科　「県の広がり（茨城県）」

　ホームページ上にアップした自作のワークシートとともに学習できるよう，動画内に一時停止ポイントを作り，児童が思考する場面を設けました。意識したのは「学校で学習しているようなライブ感」です。学園マスコットとの掛け合いで，特産品のおいしさや農作物のでき方を伝えるなど，楽しい雑談をあえて取り入れることで長時間見ても飽きさせない演出を施しました。

実践者：川井 徳一朗・諸星 智慶

5年　家庭科　さいほう

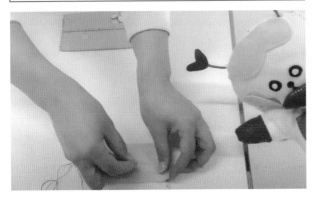

　5年生から新しく始まる教科である家庭科では，裁縫を主に扱いました。実際に先生がお手本となる動きを示し，難易度が高いところには一緒に解説を入れることで，学園生が正しい動きを映像で何度も見て学習することができるようにしました。また，玉止めや並縫いを使った小物作りを紹介し，学園生が習った技術を生かして意欲的に裁縫に取り組むことができるようにしました。

実践者：山本 孝子

6年　社会科　「私たちのくらしと日本国憲法」

　児童が動画を視聴しながら，自宅で迷わず学習が進められるように，スライドには自作ワークシートで使用した写真や図，さらに文字も拡大し理解しやすい画面作りに努めました。また，「憲法を守るのは誰？」という問いかけで，児童も飽きずに考えながら学習を進められるように工夫し，学年担任にも出演してもらうことで温かい雰囲気を出せるよう作成しました。

実践者：五木田 幸夫・前田 邦明・谷川 康一・
秋本 淳・大川 友梨

特別支援　自立活動　はさみの使い方

　はさみの使い方ついて，丁寧に「持ち方」「渡し方」「切り方」を説明した後，「素敵な飾り作り」をしました。その中には，「みどりの学園の校章」の作り方もあります。主に，「自立活動の目標と内容」の中の5の「身体の動き」「(5) 作業に必要な動作と円滑な遂行」の活動として，道具を使い指先を動かす活動を，休校中に学園生ができるように配信しました。

実践者：加々美 益樹・本藤 香・鳥居塚 一登・
渡邊 久美子・山本 美佳

7年　英語科　Unit 2-1 基本文の確認

　「生活をしている中で身近にある話題」を意識し，導入を工夫しました。また，同じ学年の他教科の先生たちにも英語を話していただき，生徒によって親しみやすい動画を心がけました。生徒が声に出して学習できるようなドリルを動画の中に盛り込みました。ライティングや発音等は面と向かってできない難しさを感じました。学校再開後も，授業中に活用していきます。

実践者：吉田 圭介・別井 健

7年　家庭科　消費者としての自覚

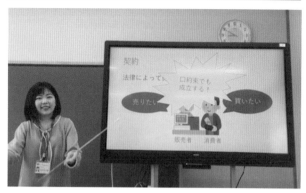

　家庭科は生活に直結する教科です。授業を動画にするにあたって，限られた時間の中で，生活する上で「知らなければいけないこと」，「知っておいてほしいこと」をスライドを活用して丁寧に説明しました。今回行ったオンライン動画では，「生活と家庭科を結び付ける」ということを念頭に置いて，短時間でも生徒に理解させることを心がけました。

実践者：木村　明日香

7年　美術科　静物デッサン

　家庭でも表現にこだわって絵を描いてほしいという思いで，デッサンの描き方動画を作成しました。動画として配信することで，繰り返し見ることや，一時停止して表現を味わえることが可能である点を生かしたいと考えました。自作の参考作品を拡大表示し，鉛筆による質感や立体感の表現方法を説明しました。鉛筆のタッチに着目させ，質感の違いを分かりやすくしました。

実践者：小泉　澄香

8年　国語　敬語

　教科書に書かれている内容を補充することを目的に，「敬語」についての動画を作成し配信しました。
　敬語の種類や尊敬語と謙譲語の違いを例文を交えて丁寧に説明することで理解が深まるように工夫しました。また，配信した内容が理解できたかどうか確認するためにFormsを使ってミニテストを実施しました。

実践者：路川　伸子

8年　音楽科　音楽記号

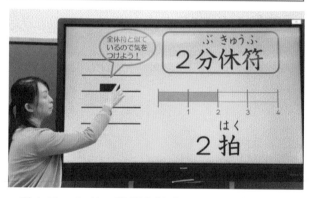

　歌を歌ったり，楽器を演奏したり，表現活動を行う上で必要となる基礎的な音符や休符，音楽記号について学習できるような動画を作成しました。基本的な内容をパワーポイントで説明したあとに，音符や記号などをランダムに示し，学習者が一時停止を押しながら自分のタイミングでその記号などの名前や意味を答えられるように工夫しました。

実践者：青柳　可奈

8年　体育科　体つくり運動

　学習課題は，自己の体力に合ったトレーニングを計画，実行，評価，改善させ体力の向上を図ることにしました。ホームページ上にアップした自作のワークシートにトレーニングの紹介やトレーニングをする上での留意点を記載しました。また，ワークシートとリンクさせたトレーニング種目とトレーニングで意識するポイントを動画で配信し，視覚的に動きを捉えさせました。

実践者：飯野 健治・朝生 愛

9年　数学科　因数分解

因数分解してみよう！〜共通因数をくくり出すには〜

$$ay + by = a \times y + b \times y$$

どちらの項にも因数yがある！

共通因数

$$= (a + b) \times y$$

$$= y(a + b)$$

共通因数をくくり出した！

分配法則
$$a(b + c) = ab + ac$$
$$(a + b)c = ac + bc$$

　パワーポイントのアニメーション機能を使って，考える順番や解法の手順が明確になるように工夫をしました。学園生のノートを見ると，動画を参考に因数分解を行っている様子があり，成果を感じました。また，一度作成すれば復習等に繰り返し活用できるので，とても効果的でした。

実践者：蓮見 俊之

9年　社会科　日露戦争

　学習課題を提示した後に，まとめるポイントを示すことで各自の調べ学習がスムーズに進むように工夫しました。途中で動画を止めるように指示し，自分のまとめるスピードに合わせて学習を進めることができました。後半の教師のまとめでは，出来事のつながりに意識し，関係や流れについて図を使ってまとめることで理解を深めるようにしました。

実践者：中嶋 健二

9年　理科　力の分解

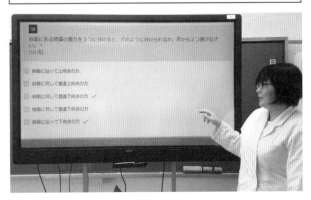

　教科書を活用して家庭学習を進める際に解説を聞きながら学習ができるよう，パワーポイントを使って9年理科「力の分解」の内容を解説している動画を撮影しました。アニメーションを用いて，物質の動きや作図の方法，重要語句に注目できるような工夫をしました。Formsの問題と連携し，正答率が低かった問題について解説することもできました。

実践者：宮本 莉歩

子供と担任との心が通うコミュニケーションツール「せんせいあのね」

実践者

川西 栄次

1. 休校期間中の相互交流を目指す

「せんせいあのね」は，インターネット上でアンケートや評価することのできる Microsoft Forms を使い，休校期間中に頑張ったことや先生に聞いてほしいことを投稿できるシステムです。

「せんせいあのね」を導入したことにより休校期間中でも子供たちとコミュニケーションをとることができました。子供たちとの心の距離を近づけ，子供たちの不安を少しでも取り除くことができました。

4月7日に緊急メール情報配信システムで「休み中の様子をホームページの右側にある『せんせいあのね』に日記のように書けますので，書ける人は使ってみてください。」と配信しました。

ホームページ（図1）から「せんせいあのね」のページに入ると学年，学級，健康の選択肢や名前，頑張ったことなどを記述できるテキスト欄が出てきます。この入力フォームから子供は簡単に頑張ったことや先生に聞いてほしいことを伝えることができます（図2）。

▲図1　学校ホームページの様子

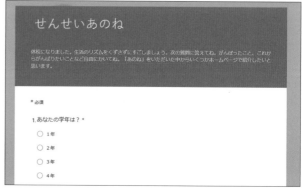

▲図2　「せんせいあのね」の入力画面

投稿された内容を教務主任が一覧にまとめ，印刷して職員に配りました。新しい投稿内容を毎日紙で周知し，頃合いを見計らってパソコン上で見られるように共有しました。段階を踏んで進めたことで，初めからパソコンで見るよりもスムーズに「せんせいあのね」を導入できたと思います。投稿された内容は各学年の学校ブログで紹介し，双方向のやりとりとなるように心掛けました。

2. 子供たちの投稿と教員の工夫

「○○をがんばりました。」「○○をしました。」といった自宅での様子や「オンライン動画」に関するコメントに取り組んでいる様子がうかがえました。また，「休みの日は何していますか？」「先生も元気ですか？」などの質問も多くいただきました。日記のように毎日投稿する子供がいたり，「はやくがっこうにいきたいです。」と希望を述べたり，学校生活への期待を知ることができました。

4月8日から分散登校の始まる5月20日までに1日平均25件の投稿がありました。全体的にゴールデンウィーク前の4週まで徐々に投稿数が伸びま

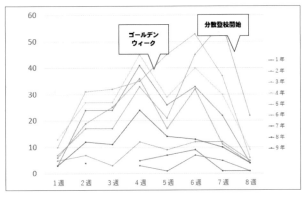

▲図3　各学年の週別の投稿数の推移

した（図3）。

　投稿数が伸びた理由は，投稿された内容をブログで紹介したためと考えられます。子供たちの頑張っていることとして紹介したり（図4），課題に対する疑問や何気ない質問に答えたりしたことで（図5・図6），インターネットを介して文章でのコミュニケーションをとることができたのではないでしょうか。毎日反応することで，聞いてもらえるという安心感を子供に与えることができたのも大きな要因と考えます。

> 4年生　「先生あのね」に投稿ありがとう！
>
> 4年生のみなさんから「先生あのね」に投稿がありました。その一部を紹介します。
>
> 「昨日は，野球をいっぱい練習しました。先生のおもしろい話を早く聞きたいです。」
> 「今日は，3時間勉強をがんばりたいです。」
> 「昨日の夜，スーパームーンを見ました。大きくて，不思議な月でした。先生は見ましたか？」
> 「昨日は，つるかめ算をしました。」
>
> みなさんのがんばっている様子が聞けて，先生達もうれしいです。
>
> 中でも，「地図帳とチャレンジスタディで日本地図を覚えています。」という声がありました。すばらしい！4年生の1年間で，みなさんには47都道府県の位置と漢字を覚えることを目標にしてもらいます。
> ぜひこの休校中の時間を使って少しずつ覚えていってください。
>
> ↓また，理科の春の生き物についての動画もアップしたので，良かったら見てくださいね！

▲図4　4年生のブログ（4月9日）

> 8年生のみなさんへ
>
> 「せんせいあのね」に音節についての質問がありました。
> ケーキは「ケ」「ー」「キ」の3音節。
> きっさてんは「き」「っ」「さ」「て」「ん」の5音節となります。
> 音節の数が短歌の五音，七音などの音数の数になるので覚えてください。
>
> 質問ありがとうございました。これからも疑問に思ったことがあればいつでも「せんせいあのね」に質問してくださいね。

▲図5　8年生のブログ（5月7日）

　5週目に投稿数の増加した3年生は，オンライン動画で「せんせいあのね」の投稿を呼び掛けたり，ブログで出題したクイズの解答を投稿させたり，発達段階に合わせた細かい対応や工夫をしていました。

> きょうもあついですね。からだのちょうしはどうですか。
> きょうも「せんせい　あのね」からです。
>
> ・「えいけん4きゅうのべんきょうをがんばりました。」
> →すごいね。えいごってむずかしいと思います。がんばってね。
> ・「遠くまで歩くこと。」
> →すごいね。あるいて体力をつけておかないとたいへんですからね。がんばってね。
> ・「べんきょうをがんばりました。」
> →すごいね。わからないことがあったらまわりのひとにきいてね。
> ・「さんすうのえんぴつ2のもんだいをがんばりました。」
> ・「さんすうの文しょうだいをがんばりました。」
> →すごいね。まるつけをしてもらってまちがっていたらもういちどといてみましょう。
> ・「コロナにかからないように頑張りました。」
> →すごい！てあらいをまいにちやりつづけるのもたいへんです。これからもつづけてね。
> ・「おてつだいをがんばりました。」
> →えらいです。みんなのためにはたらけるあなたのこころがすばらしい。
> ・「休いくのどう画のじゃんけん体そうをかぞくでやりました。4さいのいもうともたのしいと言ってました。」
> ・「おにわで　おとうと　とたいいくの　どうぶつのまねを　していたら　オニヤンマが　ビューっと　はやいスピードで　とんでいきました。　大きくてびっくりしました。」
> →たいいくのどうがをみてくれてありがとうございました。せんせいたちもうれしいです。
> ・「昨日プログラミングでゲームを作りました。かんたんでした。九九ゲームもおもしろかったです。」
> ・すごい！プログラミングができるなんて。まわりのともだちにおしえてあげてね。

▲図6　2年生のブログ（5月14日）

　分散登校することが決まった7週目には5年生の投稿が増えています。課題に対する疑問や質問が多くありましたが，丁寧に対応することで不安を解消することができました。

3．オンラインで心の交流ができた

　使ってみた教員の感想には「休校中の学園生の反応を見ることができてよかった。」，「思っている以上に動画を見たり，学校からのメッセージを理解したりして自分なりに学習を進めていることが分かった。」などがありました。子供たちが気軽に思っていることを投稿できたので，普段は見えない心の内面や考えが分かり，いつも以上に心を通わすことができたようです。1年担当の教員は「コミュニケーションがとれていなかった子たちが学校に興味をもち，つながりを作ることができた子が少しだけいた。」と手応えを感じています。

　「せんせいあのね」への教員の返信は，学年全体に対してでした。より丁寧な対応をするためには，個別にやりとりのできるツールが必要です。

学校と保護者を結ぶ「みどりのメール」の活用

実践者

大川 友梨

　県内も感染者が相次ぎ，本学園を始め，多くの小中学校で休校措置が取られました。学園では，学業の遅れに不安等が生じないよう早い段階から，学年ごとにオンライン学習用の動画を配信しています。また，ホームページ上に PDF の課題を載せて，家庭でプリントアウトできるようにしました。また，子供や家庭からの家庭での様子を伝えてもらう「せんせいあのね」を導入し，多くの職員が手応えを感じていました。

　しかし，ステイホーム期間が長くなると，保護者からは，手持ち無沙汰になってしまうお子さんに対してどうしてよいか分からないという不安を聞くようになりました。動画配信やホームページの課題プリントは，一方向性であることが欠点だったのです。また，「せんせいあのね」は，子供や保護者からの個別の投稿を受け付けています。その返信は，ホームページ上でしていました。1 対 1 の双方向のつながりにはならないので個別の疑問や悩みに答えるのは電話のみでした。電話は，利用が限られてしまいます。

　各家庭と個別双方向につながる工夫が必要だと考えました。これまで，電話以外の緊急連絡先 e-mail として活用していた学校代表の「みどりのメール」を使い，学校と家庭の双方向コミュニケーションツールとして活用することにしました。

　例えば，本学園校長は，外出自粛のゴールデンウイーク期間中に，学園のマスコットである「みどりん 2020」を自由に描くという課題と，自宅学習の様子を写真や動画に撮るという課題をホームページに掲載しました。その成果は「みどりのメール」に送ります。すると，多数の学園生が提出をしました（図1）。

▲図1　1学年の学園生による作品

　なかには，マインクラフトを使って，プログラミングによるマスコット作成をする学園生もいました。本学園でのプログラミング教育を家庭で生かしている様子が分かります（図2）。教員は，作品に対してアドバイスをすることで，さらに良い作品に変わりました。

▲図2　マインクラフトを使った作品

　また，メールの中には，保護者から子供たちの頑張りを紹介する内容や，日頃の学校の取り組みへの感謝も送られてきました（図3・図4）。

　例えば，学園生の中の一人は，コロナウイルスによる感染が不安なため，休校措置が取られる前の2月より長期にわたり，自宅学習を進めていました。それまで担任によるポスティングや電話対応でのやりとりのみでしたが，「みどりのメール」を活用し，他の学園生と同じ課題に取り組む姿を伝えられることで，教員も自宅学習の様子を知ることができました。

　「みどりのメール」の活用により，学園生の自宅学習の様子を学校側が知ることができました。保護者側も，子供たちの自宅学習の様子を伝えることができます。1 対 1 の双方向のやりとりが可能となり

▲図3　自宅での学園生の様子　生活科「ナスの観察」

▲図4　保護者からの子供の様子のお知らせ

ました。「みどりのメール」での１対１のやりとりが，子供や保護者への励みや喜びとなり，保護者の不安を拭い，１対１のやりとりのおかげで，学校と保護者との関係を本当の意味で結ぶことができました。

　学校代表の「みどりのメール」は，学校と保護者を結ぶコミュニケーションツールとなりましたが，ゴールデンウイーク明けには，メールの数が膨大になり，メールを探し出すのが大変な状態になりました。そのため，学園生の取り組んだ課題の実態や成果を教員側が把握しにくくなったのです。そこで，学年ごとに個別のアドレスを作り，課題を提出させたり，学年担当の先生が気軽に確認し，いつでも保護者に返信したりできるようにしました。

　以下は，それぞれの学年の取り組みの一例です。

　第１学年は，図工「チョッキンパッでかざろう」において，色紙を折って切り開いてできた模様をメールで送ってもらう課題を出しました。でき上がった模様をつなげ飾るなど，工夫が見られました。第５・６学年では，家庭科「おいしい楽しい調理の力」「いためて作ろう朝食のおかず」の学習で，お茶入れやほうれん草のおひたし作り，工夫を凝らした朝食のおかず作りを家庭で実践しました。実践の様子やでき上がったものを写真に撮り，メールで送る課題です。通常登校に戻って，すぐには調理実習はできません。「みどりのメール」の活用により，実技教科の学習も双方向にやりとりができました（図5，図6，図7）。

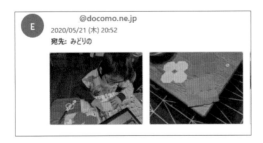

▲図5　自宅での図工作品制作の様子

▲図6　自宅での調理実践

▲図7　担任とのメールのやりとり

　６学年算数「分数と整数のかけ算」は，自力解決した部分を写真で撮りました。分散登校前に個人の実態把握ができました（図8）。

　以上の実践より，休校中も学校と子供，保護者を結ぶ「みどりのメール」の活用は，双方向のやりとりから，自宅学習での子供の活力，保護者とのつながり，教員からの返信による達成感を与えるツールとしての成果が見られました。おかげで互いに安心して学校生活のスタートを切ることができました。

　今後も「みどりのメール」を使って，いつでも学校と保護者とがつながるツールとして連携していきたいと思います。

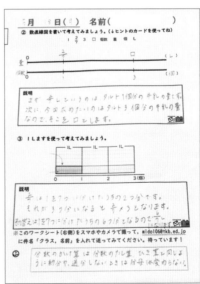

▲図8　ワークシート（自力解決）

子供が教材をダウンロード, アンケートや確認テストができる「〇年生の教室」

実践者

髙井 豊一郎

　休校中の学習を効率的に進めるために，「〇年生の教室」をホームページ上に作成しました。これは，各学年ごとの部屋です。学園生が自宅で取り組む課題を集めた部屋です（図1）。

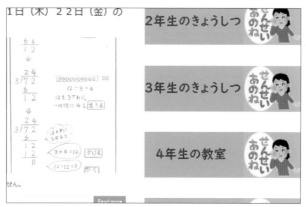

▲図1　〇年生の教室の例

　ホームページで，課題を確認し，それを提出できるように，分かりやすい場所にリンクを張りつけたり，手順を示したりしました。低学年は，既習の漢字だけを使って書くなどの工夫もしています。

　休校が延長になった当初は，ホームページのトップ画面に「せんせいあのね」をはじめ，時間割表や動画をアップしたことや課題についてのお知らせ，学校からの連絡などすべて掲載していました。

　しかし，休校が延長になり，課題や連絡の数が増えました。すると，午前中に投稿した記事は，午後には記事一覧の2ページ目に移動してしまい，トップ画面から消えてしまいました。学園生や保護者の中には，新たな記事が投稿されたことに気付けない人もいました。「ホームページにアップしてあるというのに，どこにもありません。」，「時間割表を見つけられません。」という問い合わせもいただきました。

　学年のタグをつけて投稿をしていたので，記事を探すことは可能でした。しかし，タグで検索しても投稿数が多すぎて，課題を探しにくいサイトになってしまいました。

　そこで，課題を見つけやすく，効率的に学習を進められるように「〇年生の教室」という各学年ごとの部屋を作成しました。まず，利用状況について整理します。課題は，PDFのワークシートにして掲載し，各家庭で印刷をしてもらいました。印刷できない家庭には，郵送で対応しました。また，PDFが開けない家庭もありました。そのような子が多い学年は，印刷したワークシートだけでなく，ノートに書き込ませるなどの配慮をしました。課題や取り組ませ方も工夫しました（図2）。時間割表や1日の課題を掲載して，生活のリズムを意識させました。また，休校が明けて，授業が始まったときに学習ルールが定着しているように，ホームページや動画で配信しました。1年生では，掃除の仕方や朝の準備の仕方を配信しました。ノートの書き方を示した学年もあります。

　次に，休校中の各学年の投稿数について整理します。（図3）は，4月8日〜5月31日までの計54

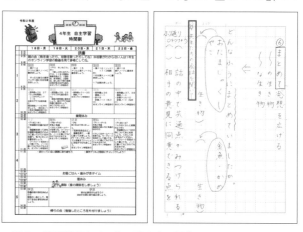

▲図2　時間割表やノートの書き方の見本

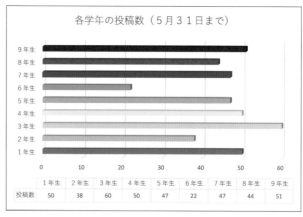

▲図3　各学年の投稿数

	1年生	2年生	3年生	4年生	5年生	6年生	7年生	8年生	9年生
投稿数	50	38	60	50	47	22	47	44	51

日間の各学年の投稿数の合計です。どの学年もほぼ毎日のように投稿していたのが分かります。6年生の投稿数が少ないのは，各週の課題を各教科まとめて1つの投稿でアップしていたためです。7～9年生の投稿数が増えているのは，各教科ごとに投稿を行っていたことに関係しています。

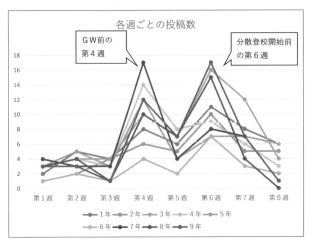
▲図4　各週の学年別投稿数

（図4）は，週ごとの各学年の投稿数の推移を表したものです。ゴールデンウィーク前の第4週に投稿数が増加しているのが分かります。課題をゴールデンウィーク中に投稿しなくてもよいように，一気に投稿したことが理由です。また，Microsoft Forms などの活用も始まり，ICT 機器を活用した課題に切り替わってきたことも要因の一つです。そのため，「〇年生の教室」を作り，課題を見つけやすいようにしました。

また，分散登校開始前の第6週も分散登校に向けた連絡や課題，家庭への連絡手段としても活用したため，投稿数が増加しました。

みどりの学園では，休校が長引くにつれ，課題の内容も変化してきました。初めは，ドリルやワーク，事前に配布したプリントが中心でした。その後，課題のダウンロードやオンライン動画が始まりました。体育や音楽など自宅でできる学習の動画も配信されました。Forms などによる振り返りや回答の回収など学園生とつながる課題の提出が始まりました。そして，図工や家庭科などの技能系の課題を出しました。全教科にわたって学習を進めることができました。

以下，特色ある課題の事例を挙げます。

4年生の国語『こわれた千の楽器』の学習で，どれだけ内容を読み取ることができているかを知る目的で，「『こわれた千の楽器』のお気に入りの場面をスクラッチで作ろう」という課題を出し，メールで提出させました。昨年度も「スクラッチ」での学習を行ってますが，自宅で行うという課題は初めてです。また，自宅の ICT 機器の環境も違うため，通常より細かく手順を示すなどの配慮をしました。また，先生が見本を作り提示するなどの工夫もしました。オンライン動画で手順を示しただけではなく，PDF でも同じように手順を示しました（図5）。

スクラッチは，様々な学習に使うので，誰もがアクセスしやすいように，ホームページにリンクを張りつけました。

▲図5　スクラッチの手順とオンライン動画

30人ほどから作品が送られてきました。教師のお手本をもとに作成した児童もいれば，音を自分で録音したり，絵を描いたり，工夫をしながら取り組んだ児童もいました。おうちの方と一緒に取り組んだ児童も多いようです。楽しかったという反応が多く見られました。一方で，問題点もありました。学校では，困ったことがあるとすぐに聞くことができますが，家からは質問しにくく，意欲をなくしてしまう子もいます。できるだけ，「せんせいあのね」に質問を書かせたり，つまずきが予想される点は事前にホームページに掲載したりしました。送られてきたスクラッチは，児童の許可を取ってから「みどりのTV」という形で，給食の時間に全校で視聴しています。このように「〇年生の教室」を作成したことで，課題が確認しやすくなり，意欲的に課題に取り組む児童が多かったです。また，Forms やメールを複合的に活用することで，教員の出せる課題の幅が広がりました。このような取り組みでつながり続けることができていたため，休校明けも児童と共通の話題で盛り上がったり，スムーズに学習に取り組ませたりすることができました。

どの学校にもあるホームページを使い，投稿の仕方を工夫したり，課題の配置を工夫したりすることで，休校中の学びが変わることを実感しました。

アンケート機能や確認テストの作成方法

実践者

髙井 豊一郎

みどりの学園では，Microsoft の Forms を活用しました。Forms は Office365 の機能の一つです。アンケートやクイズを作ることができます。主に評価問題や考えを回収するツールとして使いました。

1．Forms の作成の仕方

Forms を開くと，「新しいフォーム」「新しいクイズ」という2つの選択肢が出てきます。どちらもアンケートやクイズを作成できます。「新しいクイズ」は，正解や点数を設定することができます。考えや意見を集めるときには「新しいフォーム」，評価や到達度を確認したいときには「新しいクイズ」を使うなど，目的に応じて使い分けました。

どちらも作成の仕方は同じなので，今回は，「クイズ」の方で説明をします。

クリックすると，作成画面が出てきます。「テーマ」をクリックすると，背景の設定をすることができます。教科によって背景を変更しました。

「無題のテーマ」をクリックすると，クイズの題名を設定できます。画像を貼りつけたり，詳しい説明を入れたりすることもできます。課題についての簡単な説明や「昨日の課題はどうでしたか？今日の課題もがんばろう！！」など，子供たちの意欲を高める言葉かけを入力しました。

次に，設問の作り方です。「新規追加」をクリックすると，「フォーム」や「クイズ」に新しい質問を追加できます。質問は，「選択肢」「テキスト」「評価」「日付」の4つの形式から作成します（図1）。

「選択肢」は，質問として表示するテキストと各選択肢を入力します。選択肢は，「オプション」で追加することができます（図2）。「正解」にチェッ

▲図1　Forms 作成画面

▲図2　オプションの追加や分岐のタブ

クを入れ，正解を設定することができます。「複数回答」をクリックすると，正解を複数設定することができ，「次の中から正しいものを3つ選びなさい。」のような設問も設定も簡単にできます。また，「オプション」ごとに，回答者へのメッセージを設定することもできます。正解のオプションには，「正解！！」や「よくできました。」などのほめるメッセージを，間違いの回答には，アドバイスやヒント，励ましのメッセージを入力しました。

「テキスト」は，回答者に文章での回答を求めるときに使います。回答が長くなりそうな場合は，「長い回答」をクリックすると，回答枠が大きくなります。正解を文章で入力することができます。「回答の追加」をクリックすると正解を複数設定できます。特に，算数や数学などは，数字の入力の仕方により，正しい答えを入力しても不正解となることもありました。正解に半角で入力すると，全角で入力した回答は，不正解になってしまうのです。特徴が分かり，設問に入力の仕方を設定したり，正解を半角・全角の両方で設定したりするなどの工夫をしました。

「評価」は，段階評価形式の設問を作成するときに使います。「評価」をクリックすると，「レベル」と「シンボル」が表示されます。「レベル」は何段階かに評価します。2〜10の間で設定できます。「シンボル」をクリックすると，段階評価の表示が「数値」か「星」を選択することができます。右下

の「…」をクリックするとオプションが表示されます。「ラベル」を選択すると，星が1つのときと最大のときは，それぞれどういう評価になるのかの説明を書き込めます。「評価」は，おもに振り返りに活用しました。学習の頑張り度や到達度を確認し，休校中の児童の学習へ向かう姿勢を確認することができました。

「日付」は，回答した日付を入力するフォームを作成することができます。回答した日付を知りたいときに役立ちます。ただし，回答結果を開くと，回答者が回答を始めた開始時刻と完了時刻が表示されるため，この機能はあまり使いませんでした。

以上の4つの機能を使用し，質問を作成しました。また，4つの機能とも画像を貼ることができるので，画像を使った問題を出せました。

どの機能も右下の「…」をクリックするとオプションが開きます。「サブタイトル」をクリックすると，設問の補足説明を書き込む欄が表示されます。「分岐の追加」を選択すると，答えた回答によって，次に回答する設問が変わるという設定をすることができます。

2．Formsの公開

作成したFormsは公開設定をしないと，回答者に回答をもらうことができません。画面右上の「共有」をクリックして，その設定をします。

「回答の送信と収集」の設定を変更し，公開の設定をします（図3）。デフォルトでは，「自分の所属組織内のユーザーのみが回答可能」の設定になっています。「自分の所属組織内のユーザーのみが回答可能」の横の三角印をクリックし，適切な設定に変更します。今回は，「リンクにアクセスできるすべてのユーザーが回答可能」という設定にして，公開しました。

▲図3　共有の設定画面

みどりの学園では，リンクのURLをホームページに貼りつけていました。

しかし，振り返りがどこにあるのか分からないという問い合わせがありました。そこで，一目で分かるようにFormsを埋め込んで表示するようになり

ました。回答する画面が，そのまま表示されるため分かりやすいと評判で，低学年を中心に埋め込みで表示しました。

3．結果の集計

回答者が設問を解き，回答を送信します。そして回答者の画面の，「結果の表示」をクリックすると，回答者に向け，正解やメッセージが表示されます。回答者は振り返りを行うことができます。

みどりの学園でも点数を設定し，学園生に取り組ませていました。休校終盤になると，設定した点数や正解が表示されないというトラブルが発生しました。ネットワークの不具合によるトラブルで，無事解決しました。

作成者には，送られてきた回答の統計が表示されます（図4）。正解が設定されているものは，棒グラフや円グラフで回答の分布が表示されます。正解を設定していないものは，回答の一覧を見ることができます。「Excelで開く」を選択すると，Excelで，すべての回答の一覧が表示されます。

正解率が一目で分かり，自動で集計してくれるため，今後の課題に生かすことができ，大変便利でした。

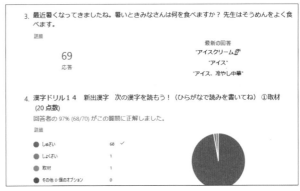

▲図4　自動作成される回答の一覧

4．Forms活用のメリット

休校中の学びの振り返りや到達度の確認のために活用したFormsでしたが，回答が自動で瞬間的に集計されるというというメリットを発見しました。今後，通常授業の振り返りに活用し，その振り返りを教師の授業改善や評価に活用するなど，使用の幅が広がりそうです。教師が目的をもって活用すれば，より効果的になると考えます。

管理職自ら休校中の
ICT活用で校務軽減

▲図2　Microsoft Forms で作成した入力フォーム

実践者

髙野 香保里・中原 卓治・大谷 淳・
桑原 千恵子・小野 尚文

1．休校中の教職員の体調管理に2時間

　学校が休校となり，教職員の毎日の体調管理が管理職の朝一番の仕事となりました。約70名いる教職員の体温チェックだけでなく，咳，だるさ，のどの痛み，頭痛，筋肉痛，関節痛，下痢，腹痛，嘔吐，味覚障害，嗅覚障害など一人一人が紙に書いた健康チェックシート（図1）を集計しなければなりませんでした。70人もいるため，データを転記しているだけで2時間もかかりました。

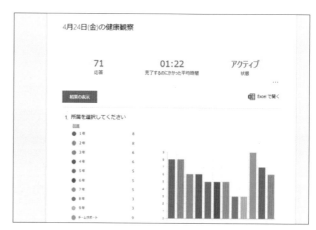

▲図3　自動集計した健康観察

2．Microsoft Teams を学校連絡や部屋予約に活用

　つくば市の教職員は，Office365 に契約していましたが，これまでは Word や Excel，PowerPoint，Outlook メールを活用する程度でした。しかし，休校になり，Microsoft Forms を使うようになると他にも，たくさん機能があることが分かってきました。Microsoft Teams の機能を使うと，これまで教職員への連絡は，配信メールを使っていたため，一方方向での連絡でしたが，Microsoft Teams を使うようになると，双方向のコミュニケーションが図れるようになりました。

　また，配信メールでは，文書や Excel データは送信できませんでしたが，これを使うとデータの共有が簡単にできるようになりました。さらに，これまで，校務センター（これまでの職員室）に紙で記入していた，体育館やコンピュータ室の予約表も Microsoft Teams でできるようになり，いちいち校務センターに来なくても教室から予約できるようにしました。

　Microsoft Teams には，テレビ会議システムも用意されており校内の連絡に利用しています。これらのシステムは，休校中だけでなく，通常登校になった今でも活用しています。

▲図1　紙で記入していた健康チェックシート

　この作業を1週間以上行ってきましたが，担任の先生たちが，学園生の健康観察を Microsoft Forms を使って行っていましたので，それを応用すれば教職員の健康管理にも使えるのではないかと考えました。Microsoft Forms の使い方を教務主任に教えてもらい，ネットワークを使った健康チェックを完成させました（図2）。Microsoft Forms の利点は，それぞれの先生が入力すると，リアルタイムにエクセルで集計されるため，これまで2時間かかっていた集計作業の必要がなくなりました（図3）。

▲図2　登校時呼びかけポスター（健康観察）

ICTを活用した
保健管理・保健教育

実践者

植木 優子・中山 圭美・大塚 亮子

1．分散登校中の出欠確認・健康観察

　校務支援システムを使用し，各学級の出欠確認を行っています。学級担任が朝の会で出席をとると同時に，出欠状況と健康観察の結果を校務支援システムに入力すると，出欠席者数と欠席事由や遅刻の状況などが自動で集計されます。その結果を保健室で一度に確認することができます。

　分散登校期間中は，その日に出席すべき学園生だけの出欠の状況を入力すれば，学校全体の出席者数や欠席事由を把握することができました。

　また，従来のように係の学園生や学級担任が健康観察板を届けたりするなど校内を移動する必要がないので，他の人との接触を減らすことにもつながりました。

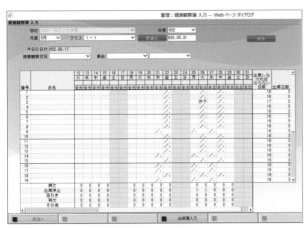

▲図1　校務支援システム　出欠確認

2．ICTを活用した保健指導資料

　分散登校開始に向け，学園生に感染予防を呼びかけ，また，新しい生活様式の習慣化を図るために，ICTを活用して掲示資料や保健指導資料を作成しました。

　登校時に健康観察カードの提出を呼びかけるポス

▲図3　登校時呼びかけポスター（ソーシャルディスタンス）

▲図4　パワーポイントを使った保健指導

ターを大判プリンターを使用して作成し，昇降口に掲示しました。身体的距離をとることや正しいマスクの着用の仕方については，データで保存されている学園マスコットキャラクターを使用して資料を作成し，校内に掲示しました。

　また，感染予防や新しい生活様式について保健指導を行う際に，パワーポイントで作成した資料を，共有のフォルダに保存し，担任やその他の教員でも使用できるようにしました。

3．感染症対策にも役立つ

　大規模校のため，学校全体の出欠状況や健康状態を把握するのに時間を要していましたが，校務支援システムを導入したことにより，情報を早期に収集することができ，感染症対策に役立っています。

　また，ICT機器を活用することにより，全校に向け健康に関する情報を発信することができています。

実践-12

学校で支払い完了！
学校徴収金のオンライン運用

実践者

成田 はるみ・増田 准也・本江 典子

1．ネットバンキングの活用

　学校徴収金を管理するためにネットバンキングを導入しています。ネットバンキングでは主に，振込・振替・残高照会など集金業務や管理業務，支払業務など多岐にわたり活用しています。これまで金融機関に出向き行っていた通帳の記帳，口座間での振替のための書類作成，業者へ支払うための払戻作業など事務処理の時間，金融機関への移動時間や待ち時間を大幅に削減することができました。ネットバンキングの導入により金融機関に行かず，業者を呼ばずに学校徴収金の管理や教材費の支払いができています。

2．ネットバンキングの活用事例 ～集金～

　本学園での徴収金の集金方法は，保護者が指定した口座から金融機関が引き落としをする口座振替で行っています。残高不足や，未登録者などは振替不能となり，学校で集金の依頼文書を配布しています。保護者から学校への納入方法は，現金での納入と学校口座への振込の2パターンで行っています。現金での納入分は学校で集計後，金融機関で校納金口座へ入金しています（図1）。学校口座への振り込みは保護者が直接校納金通帳へ振り込みをしています。すべての学校徴収金は校納金口座へ集まる仕組みになっています。

3．ネットバンキングの活用事例 ～管理～

　本学園では，給食費・支援組織費・整備費・児童生徒会費・学年教材費（学年1冊）の口座を開設し管理しています。集金業務で校納金口座に入金された徴収金はネットバンキングにより各口座へ振替入金しています。金融機関での払戻・入金作業は学校内で行えるようになり，金融機関の営業時間にとらわれることなく管理ができています。

4．ネットバンキングの活用事例 ～支払い～

　教材の支払いの作業にもネットバンキングを活用しています。振込の事務負担や振込手数料を最小限にするために学年ごとに業者へ支払いは行わず，各学年で支払い準備ができた分を学年教材費の口座から支出用口座へ振替を行い（図2），学校でまとめて月に1回業者へ教材費などの支払う取り組みをしています。まとめての振込になるため，学校と業者の双方

○○教材店 御中			入金報告書	
入金日	2020/5/28			
			担当	増田
	つくば市立みどりの学園義務教育学校			
	TEL		029－846－2422	

No	学年	請求日	請求番号	金額
1	1	5月7日	244974	214,800
2	2	5月12日	245040	253,000
3	3	5月7日	245848	136,400
4	4	5月12日	245707	89,000
	合　計			693,200
	振込手数料			
	入金額			693,200

上記金額を入金いたしました。ご確認よろしくお願いいたします。

▲入金報告書の例

で振込内容を確認できるように「学年」「請求日」「請求書番号」「請求金額」を記載した入金報告書を作成し業者へFAXしています。これにより学校と業者間で振込内容の確認を行っています。

5．成果

　ネットバンキングを導入したことで，事務処理にかかる時間を大幅に削減できたことや，金融機関の営業時間にとらわれることがなくなったため，教材費の徴収から支払いまでの時間を短縮することができました。また，現金取り扱いによる事故防止にもつながりました。コロナ禍において金融機関での待ち時間等で人と接する機会や，学校と外部との接触を減らせたことで感染予防対策もできました。

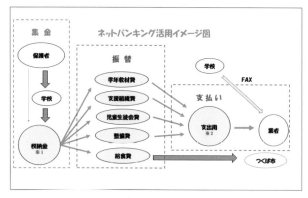

▲図1　ネットバンキング活用イメージ

第4章

1人1台環境で実現する新しい学びの実践事例

つくば市立みどりの学園義務教育学校長

毛利 靖

1. 2018年4月みどりの学園義務教育学校開校

つくば市みどりの地区の人口増加に伴い，みどりの学園義務教育学校は，つくば市の公立学校として平成29年4月に開校しました。義務教育学校の特色としては，小学生と中学生が共に学ぶ義務教育9年間の学校で校長は一人で，特色ある教育課程の編成など，学習指導要領に則っていればある程度自由に行うことができます。開校時，前期（小学校）20学級，後期（中学校）4学級，特別支援学級5学級，教職員47名でスタートしました。教職員は，つくば市内だけでなく，半数近くは他市町村からの異動となりました。教員の構成は，新採用を含む20代から再任用の60代まで在籍するなど他の公立学校と同様の構成となっています。

2. 教職員の多くは異動前，ICT活用が低かった

開校時に，教職員に対して，これまでのICT活用に関するアンケートを実施しました。その結果，ICTの活用の平均は5点中1.51で，デジタル教科書の活用は1.35という結果でした。その理由を聞くと，「ICTは苦手」という人もいますが，「やってみたい気がするけれど機器がなかった」「教えてくれる人がいなかった」という意見も多く，一概に「苦手だからやりたくない」という訳ではないようでした。

教　科	国語	算数	理科	社会	英語	平均
異動前ICT活用度	1.1	1.8	1.7	0.7	2.2	1.51

▲開校時の教職員アンケート結果

3. ICT抜きには学校のグランドデザインが考えられない

校長は，学校のグランドデザインをつくることになっています。グランドデザインは，長期的視野に立って計画を立てなければなりません。そこで，令和2年度からの新学習指導要領，県や市の教育目標，そして，2040年代Society5.0時代にリーダーとして活躍できる人材を育成するためのカリキュラムを盛り込みました。

「つくば市教育大綱」では，
① 「教え」から「学び」へ
　　一斉・一方向教育から個別・双方向の学びへ
② 「管理」から「自己決定」へ
　　受動から能動へ
③ 「認知能力偏重」から「非認知能力の再認識」へ
　　知識偏重の教育から全人教育へ
が掲げられています。そこで，本校のグランドデザインは具体的に次のような内容を盛り込むこととしました。
・21世紀型スキルの育成
・問題解決型学習の推進
・先進的ICT教育の充実
・1年生からのプログラミング教育
・1年生からの外国語，英語教育
・幼保小中高大接続
・学校家庭をつなぐシームレスな学習など

▲学習成果をプレゼンする学園生

これらの内容を実践しようとすると，ICTの活用は不可欠になります。ICT教育は言うまでもありませんが，問題解決学習や21世紀型スキルの育成の場合，学園生が自ら課題を見つけ，それぞれの課題を解決するために，タブレットで取材やインターネットでの調査，有識者・地域の方々とのテレビ会議を使った話し合い，大型提示装置を使った学習成果のプレゼンやYouTubeなどでの日本や世界に向けての公表など，ICTがなくてはならないものと

なっています。このように，学校のグランドデザインを考えた時，ICTがあるからこそ実現できるものとなりました。

4．今やICTは誰もが簡単に利用できるツール

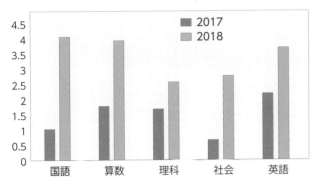

▲開校当初と1年目の教師のICT活用

　上のグラフの青色が開校前の教師の授業でのICT活用状況で，オレンジ色が1年後です。どの教科も大幅に活用状況が増えています。いろいろな方にこのグラフをお見せすると「教員研修をたくさん行っているのですか」と必ず聞かれます。本校では，他の研修も含め，夏季休業中の研修など最大限減らしております。現在，ICT機器やデジタル教科書は，スマホ同様，説明書なしで利用できるほど簡単になってきています。本校では，学年の中で先行して活用している教員が，これから使う教員に使い方を教えながら授業を行っている姿が多く見られます。それくらいの教え合いで十分授業ができますので，これから導入する自治体や学校は，あまり構えすぎず，気楽に楽しく利用できるとよいと思います。

5．とにかくICTの環境整備をしないと
##　　何も始まらない

　赴任された若い先生に「デジタル教科書使ってますか。」と聞いたところ「使いたいけれど，前の学校では大型提示装置が少なかったので遠慮してあまり使えませんでした。」という答えが返ってきました。
　そこで管理職としてやらなくてはならないことは「無い中でも交代して利用するなど工夫して使え」ではなく，やはり，目指す学習の目的に応じて，きちんとICT環境を整備して「ICTを使うと，簡単に学習改善ができ，楽しい授業ができますよ。」と言ってあげることで，いつでもどこでも誰もが利用

できるようになると思います。やはり，自分が専用で利用できるものがないと活用が進まないと感じます。

6．先生方も実感が湧けば自然と
##　　ICTを活用できるようになる

　教員は「楽をしたい」と考えている人はほとんどなく，管理職に言われたからではなく，心から「子供が楽しく学ぶ姿が見たい」「子供が一生懸命頑張る姿が見たい」「友達と仲良く学ぶ姿が見たい」「子供の学力を向上させてあげたい」と考えている先生がほとんどではないでしょうか。ですから，ICTを活用するきっかけはどうであっても，「子供たちが楽しそう」「分かる子が増えてきた」「テストの結果，学力向上が見られた」などの実感が湧いてくれば，おのずと利用が増えるのではないでしょうか。学園生へのアンケートでは，全職員が楽しくICTを活用した結果，「電子黒板はよく分かる97％，パソコンを使う授業は楽しい98％，プログラミングが楽しい95％，プレゼンが上手になった76％，勉強ができるようになった91％」というものとなりました。また，開校時，7年生（中1）の学園生の学力テストの結果を分析した結果，この2年間で大幅に学力が向上しました。他の学年も同様の結果でした。

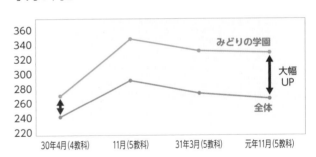

▲7年生の学力テスト結果推移

　この結果のすべてがICTの成果とはもちろん言えませんが，全学園生，全職員で取り組んだ結果は少なからずあると実感しています。今年度，GIGAスクール構想により，本校だけでなく，全国の多くの学校にICTが導入されます。現在，タブレットを取り合って利用している本校としては，みんな，待ち遠しいのです。ぜひ，みなさんの学校では，「また余分なものが来た」ではなく，「子供たちと一緒に，何か面白そうな授業ができないかな」とわくわくして待っていて欲しいと思います。

みどりの学園の実践事例を分析する

玉川大学教職大学院教授

久保田 善彦

1．はじめに

GIGA スクール構想によって，全国の学校に1人1台端末が配備されます。一人一人の学びを保障するICT の活用とはどうあるべきでしょうか。本書に掲載されたみどりの学園の 38 の実践から検討します。

2．ICT 機器の活用目的

第 1 章では，ICT 機器の活用目的を，調査活動，思考活動，協働活動，制作活動，知識定着に分類しました。38 事例を分類ごとに集計したのが以下の図 1 です。なお，1 つの事例に複数の活動が含まれることもあります。

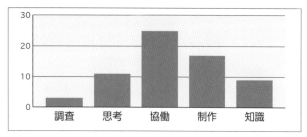

▲図 1 　活用目的ごとの事例数

事例の中で特に多いのが協働活動です。学習者中心アプローチ（代表的な手法がアクティブ・ラーニングです）には，対話を十分に保障した協働的な学びが不可欠なことを示しています。協働活動はペアや小グループでの活動だけを意味していません。デジタル教科書や提示装置を使い，クラス全員で練り上げることも含まれます。タブレット端末の機動力を生かし，互いに説明活動をする事例もあります。

制作活動の多くはプログラミングです。学習指導要領に例示された 5 年算数や 6 年理科だけでなく，教科や領域を問わずプログラミングを取り入れたSTEAM 教育を展開しています。プログラミングは

制作活動に加え，思考活動や協働活動，場合によっては知識定着を目的としています。3 年国語「詩や短歌の情景を読もう」は，自分の思いを表現するためのプログラミングが紹介されています。一人一人の思いや願いを実現できることも，学習中心アプローチの重要な視点です。

調査活動の事例は少数でした。これは後述しますが，インターネットを使った検索や写真や動画による記録は日常の活用です。情報モラルの学習も特別な授業だけでなく，日頃の活動の中に数多く埋め込まれています。各実践の基盤に調査活動があります。文具としての日常の活用であるため，あえて取り上げなかったようです。

3．ICT 機器の活用形態

パソコンの導入初期の授業は，45 分間ずっとパソコンを使った授業をよく参観しました。その当時は「パソコンを使う授業＝授業時間中ずっとパソコンを使う授業」と勘違いをしている先生が多かったのです。必要な場面で使えばよいのです。同じことが，1 人 1 台端末にも言えます。1 人 1 台をすべて稼働させることも大切です。しかし，協働活動をさせたいのであればペアで 1 台を使うこともあります。実践事例は，1 人 1 台が 4 割，ペアやグループが 4割，教室 1 台が 2 割の割合です。内容を確認すると，1 人 1 台と教室 1 台のように組み合わせた実践も見られます。これまでの授業も 1 単位時間に，一斉活動，ペアや小グループ活動，個別活動などの形態を目的に応じて変化させてきました。ICT 機器の活用形態も，目的や子供の実態に合わせて柔軟に変更すべきです。

実際にみどりの学園にお邪魔すると，1 人 1 台の活用がかなりの割合になっていることが分かります。授業の隙間時間や休み時間には気になったことをインターネットで検索したり，野外観察や体育の演技を写真や動画で記録したりします。昼休みには授業で作ったプログラムを納得いくまで改良したり，委員会活動では電子掲示物を作ったりしている子もいます。子供たちは自発的な活用をしています。図 2 は，休み時間に異学年が協力しながらプログラミングをしている様子です。先生方にとって日常の

風景であるために，事例としては紹介されていません。まさに，文房具として端末を利用していることが分かります。

▲図2　休み時間にプログラミング

4．活用ツール

文部科学省（2019.6）は，「新時代の学びを支える先端技術活用推進方策」を提案し，ICTツールを分類しています。分類ごとの簡単な説明と，実践事例で使われている主なソフトウエアをまとめると以下になります。その他の分類に「センシング」がありますが，まだ十分な技術が確立していないと判断し，事例は掲載しません。なお，実践事例の上部にはツールの分類を表示しています。

- AIを活用したドリル（オンラインスタディ）：回答傾向をAIが分析し，適切な問題を出題します。
- デジタル教科書・教材：映像資料の提示だけでなく，書き込みを入れるなど視覚化を支援します。
- 協働学習支援ツール（スタディノート，スタディネット）：友人とデータ共有・共同制作・プレゼンテーションを行います。生徒画面を集約し，必要な情報を再提示します。
- 遠隔・オンライン教育（Webアンケート，動画コンテンツの自作，オンラインスタディ）：詳しくは第3章をご覧ください。
- AR・VR（マチアルキ）：ARは実空間に情報を表示します。VRはストリートビューのように360°の映像内を自由に観察，移動できます。
- 公務支援システム：出席や指導要録などを管理します（事例は掲載していません）。第3章の健康観察は公務支援の一つです。
- その他（ロボホン，スクラッチ，Minecraft，レゴ®マインドストーム®）：主にプログラミングです。

様々なツールを活用しています。ARやVRのように最新技術もありますが，つくば市が長い間導入してきたソフトウエアの活用が中心になります。最新の機能よりも基本機能をしっかり使い込んでいます。実践事例にはソフトウエア固有の機能もありますが，汎用ツールでも可能なことも多いようです。インフラさえ整えば，どの学校でも参考になるでしょう。

5．学校を超えた協働学習

事例9年科学部「環境シミュレーションで地球を守ろう」があります。霞ケ浦の環境改善を目的として独自開発された食物連鎖のシミュレーションプログラムです。スクラッチで作成しています。科学部が毎年改良を加えることで，複雑な環境を再現できるシミュレーションになりました。この食物連鎖シミュレーションの初期バージョンは，協働学習支援ソフトの掲示板機能を使い，つくば市のすべての児童生徒が閲覧できます。閲覧だけでなく，それらをダウンロードし改良することも可能です。さらに，改良したプログラムは掲示板に掲載できます。すでに工夫を凝らした改良プログラムが掲示されています。学校を超えた協働的な学習です。つくば市はこれまで掲示板を使った学校間交流を推進してきました。クラスを超え，学年を超え，学校を超えた協働学習がこれまでも展開されています。1人1台端末になることで，交流活動の活性化が期待できます。

6．おわりに

みどりの学園は開校3年目の学校です。その3年間で，子供たちにも職員にもICTをよりよく活用する文化ができ上がりました。おかげでICTの不安な教員が異動してきても，職員や子供たちと共に活動すればいつの間にか前向きに取り組むようになります。

1人1台端末の導入に合わせて，子供中心アプローチの文化，ICT活用の文化が各学校に根付くことが大切です。そのためには，校長先生のリーダーシップや同僚性のある職員組織が必須になるでしょう。

【参考文献】
文部科学省（2019）「新時代の学びを支える先端技術活用推進方策（最終まとめ）」について，https://www.mext.go.jp/a_menu/other/1411332.htm（2020.6.20）

プレゼンテーションコンテスト

| 全学年 | つくばスタイル | ツール | 協働学習支援ツール |
| | | 目 的 | 思考活動　協働活動 |

グループ1台

ICT活用のねらい

- スタディノートを用いて，図や写真を提示しながら発表することで，考えをより伝えやすくする。
- 英会話の補助として図や写真を提示し，聞き手の理解を促すことができる。
- 自信をもって楽しくコミュニケーションをとることができる。

▲画像の操作も自分たちで

▲聞き手とアイコンタクト

▲対話しながら楽しく発表

学習の流れ

● 導入

- 将来就きたい職業やその理由，または行ってみたい国でやってみたいことについてまとめる。

● 展開

- 夢を実現するための時間割を考える。
- 話す内容を考える。チャンツも取り入れる。
- スタディノートでプレゼン資料を作る。

● まとめ

- グループで会話しながら発表する。
  What do you have on Tuesday?
  I have science,math,english and computer.
  What do you want to be?
  I want to be a teacher.

- 英語で自分の思いを伝えるために，リズムよく会話をしたり，絵や写真が会話の補助となるように画面を構成したりします。

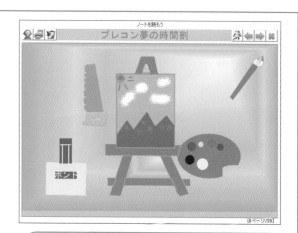

【授業のエピソード】

- スタディノートで資料を示しながら発表したので，相手に伝えやすかったです。チャンツを使ってリズムに合わせて伝えることができ，楽しかったです。友達と会話しながら発表するので，恥ずかしがらずに自信をもってできました。

実践者：山本 孝子

つくばチャレンジングスタディ

全学年	各教科	ツール	AI ドリル
		目　的	知識定着

1人1台

- 一人一人の理解に応じて，AI による個別最適化学習ができる。
- 自分のペースで主体的に学習ができる。
- 各自の学習履歴，進捗状況を大型提示装置で確認できる。
- つまずいているときに，タイミングよく適切に助言ができる。
- チェックシートを用いて，自分の努力が目に見え，意欲的に進められる。
- 自宅でも取り組めるので家庭学習と連携できる。

▲各自が自分のペースで取り組む

▲間違えたところは類題に挑戦

▲教師は，全員の進捗を把握

学習の流れ

● 「つくばチャレンジングスタディ」の
算数科における活用場面

- 各単元の学習
  ↓
- AI ドリル学習
  ↑　↓
- チャレンジングスタディの取り組み
  - 基礎問題　　　学校
  - 応用問題　　　家庭
  - チャレンジ問題
  ↓
- 習熟の確かめ

- 各教科の様々な学習場面において，自分の課題解決に向けて集中して取り組む学習姿勢を身に付けておくことが必要です。
- パソコンの基本的な操作を身に付けておく必要があります。（1年生は，つくばスタイル科の学習を中心に身に付けさせました。）

【授業のエピソード】

- 「分かった」「できた」というつぶやきが，毎時間，聞こえてきました。できた喜びが，自主的に復習する意欲につながりました。
- 「この続きは家でやる」と，家庭学習においても，目標に向かって取り組んでいました。
- パソコン操作に困ると，隣の友達同士でクリックの仕方を教え合い，自分たちで解決している姿も随所で見られました。

実践者：中野 泉

大型提示装置

全学年	各教科	ツール	デジタル教科書
		目 的	協働活動　知識定着

クラス1台

ICT活用のねらい

- 紙芝居の朗読音声，挿絵の拡大などを使う
  と，学園生たちの興味を引きやすく，授
  業への参画意識が高まる。
- 画像を拡大表示したり，色ペンで印を入れ
  たりすると，教師の指示や学園生の意見
  を教科書上に焦点化し，共有することが
  できる。

▲知っている話だ

▲みんなに伝えよう！

▲楽しくよく分かる

学習の流れ

● 導入
  - 挿絵にどんな昔話があるか探して，知っている昔
    話を伝え合おう。
● 展開
  - デジタル教科書で「かちかち山」と「桃太郎」
    の紙芝居を聞き，好きなところやその理由を伝
    え合おう。
● まとめ
  - 自分のお気に入りの昔話を読み，好きなところ
    やその理由をみんなに紹介しよう。

- 事前に昔話コーナーを作り，読書の時間を設定しました。デジ
  タル教科書で，昔話に興味をもち，読むことが苦手な学園生も
  主体的に読書を楽しみ，積極的に紹介する姿が見られます。

【授業のエピソード】

- 幼児期から慣れ親しんでいる昔話の挿絵をデジ
  タル教科書で見て，みんな「わぁ，知っている！」
  と声を上げました。普段は発言の少ない子も，
  積極的に挙手をして，昔話について発表する姿
  が見られました。学習活動に興味をもったこと
  で，その後の学習で，お気に入りの昔話の好き
  なところが伝わるように意識して紹介できま
  した。

実践者：久保田 千恵

デジタル教科書

全学年	全教科	ツール	デジタル教科書
		目的	思考活動　協働活動　知識定着

クラス1台

ICT 活用のねらい

- 1学年では，つくばスタイル科と合科学習を行う際に，国語「ともだちにはなそう」で，デジタル教科書を活用し，自分の見つけた「はるのいろ」を発表するための手助けとなった。文字だけでなく，音声で示すことができ，発表の仕方が分かりやすく，主体的で対話的な学びにつなげることができる。
- 8学年の社会科では，デジタル教科書の画像資料や統計資料を焦点化して示すことができるため，見せたい資料を選び，根拠を示しながら，説明させることができた。ペン機能で文字や記号を書いたり丸で囲んだりして分かりやすく説明できる。

▲音声により，言葉遣いも学べる

▲タッチペンをマイク代わりに積極的な発表

▲資料に書き込みながら説明

学習の流れ

1学年国語

● 導入
- 自分が見つけた「はるのいろ」をどのように発表すればよいかについて，国語「ともだちにはなそう」のデジタル教科書を使って確認しよう。

● 展開
- 自分が見つけた「はるのいろ」について，みんなの前で話そう。
「ぼく（わたし）は，○○を見つけました。」

● まとめ
- 友達の発表から気付いたことについて話し合おう。

8学年社会

● 導入
- 日本の気候を，世界と比べてみよう。
- 世界の温帯の国々の写真や雨温図と日本を比べて，違いを見つけよう。

● 展開
- 地域ごとに異なる日本の気候の特徴を調べよう。日本の気候区分，各地の気温と降水量，資料をもとに，地域ごとの気候の特色を調べまとめよう。

● まとめ
- 太平洋側と日本海側で冬の気候が大きく異なることについて，資料を活用して，その理由を説明しよう。

- 視覚的効果があり，知識定着へつなげることができます。自由に書き込みができるので，低学年から後期課程（中学生）まで，誰もが全体へ向けた説明発表への苦手意識を減らすことができます。

【授業のエピソード】
- デジタル教科書の音声が，子供の声であり，親しみやすく，発表の仕方や言葉遣いを学ぶことができ，発表への意欲を高めることができました。
- タッチペンをマイク代わりにし，友達に渡してリレーのように発表させることで，主体的で対話的な話し合いにつながりました。
- 資料を拡大するととても見やすく，自由に書き込みができ，書いたり消したりも簡単にできます。言葉だけでは上手に説明できないときに，写真や図を使って説明したり，自分で必要なことを書き込んで話せるので助かります。説明することの苦手意識が減りました。

執筆者：大川 友梨・中嶋 健二

のりもの図鑑をつくろう

| 1年 | 国語 | ツール | 協働学習支援ツール |
| | | 目 的 | 思考活動　協働活動　制作活動 |

グループ1台

ICT活用のねらい

- スタディノートでまとめたものを映し出すことで，学級全体で共有できる。
- 「どんな色を使ったらいいのか」「文字と絵の配置はどうするか」など，試行錯誤しながら資料を作成することができる。
- 自分の作品を見てもらえることで，練習への意欲を高めることができる。

▲文字の入力もできました

▲自分で描いた絵を見せながら発表

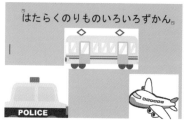

▲スタディノートでプレゼン

学習の流れ

● 導入
- 友達に伝えたい乗り物について調べる。
  （国語「いろいろなふね」と関連）
  ①役目　②つくり　③できること

● 展開
- スタディノートにまとめる。
  説明の順番を決め，説明に合う資料を作成する。
- 説明の練習をする。
- 乗り物の役目やつくりについて説明し合う。

● まとめ
- 友達の説明を聞いて，興味をもった乗り物について発表する。また，スタディノートを使った説明のよさについて感想を伝え合う。

- スムーズに資料作成ができるよう，学園生が描いた乗り物の絵をスタンプで貼り付けができるようにしておきました。次回は自分でできるようにすることを目標の一つとして取り組ませます。

【授業のエピソード】
- タブレット操作においては個人差があるが，グループ活動を通して互いに教え合う姿が見られ，うまくできたときのうれしそうな表情が印象に残っています。また，自分たちが作ったものが大きな画面に映し出されると，いつも以上に張り切って練習に取り組むことができました。

実践者：秋山 めぐみ・久保田 千恵

Let's go to Robophone Shop! 楽しく買い物をしよう

1年	外国語	ツール	ロボット
		目的	思考活動

グループ1台

ICT活用のねらい

- お買い物の場面を設定し，外国語活動での食べ物の名前の学習で，目的をもって活動できる。
- 店員をロボホンにすることで，覚えた英語を使いたいという意欲を高めることができる。
- 失敗しても何度でも楽しく話すことができる。
- ロボホンに同じプログラムを入れることで，お店を増やせるため，楽しく英会話する機会を増やすことができる。

▲ロボット店員さんとお買い物

▲4つのお店で英語で買い物

▲英語で言えたらカードをもらう

学習の流れ

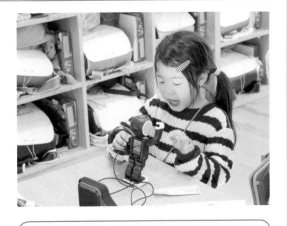

●導入
- 英語での食べ物の言い方を練習する。
  Strawberry Orange Cherry Peach Lemon
  Watermelon Tomato Hamburger Pizza Sushi
  Steak

●展開
- お買い物をする時の言い方を練習する。
  R：Hello.
  C：Hello.
  R：Welcome!
  C：○○ please.
  R：Here you are.
  C：Thank you.

●まとめ
- ロボホンショップでお買い物をする。
  会話ができたら食べ物カードをもらう。

- ミニゲームなどを通して，単語の練習をしたことで，全員が自信をもって言えるようになり，ロボホンとの会話も楽しくスムーズに行うことができます。

【授業のエピソード】
- 初めは英語に不安を感じていた学園生も，ロボホンに自分の英語が伝わり買い物できたことで，積極的に楽しく英語で会話できるようになりました。ロボホンと英語で会話できた喜びから，学園生が教師に欲しいものを尋ね，「先生のためにおつかいする！」と自発的に活動を広げていました。何回失敗しても繰り返し練習できたので，上手に英語で言えるようになった学園生は，今度は，友達の前でも楽しく英語を話せるようになりました。

実践者：塩谷 知美・山本 由紀

プログラミング「スイミー」

1年	国語		

1人1台

ICT活用のねらい

- 1年生の国語「スイミー」のまとめとして,「プログラミン」を使って映像とともに音読発表会を行った。絵を動かしたり,効果音をつけたりすることで,より一層自分で想像した世界を表現できる。
- 使うアイテムが分かりやすいので, 1年生でも試行錯誤しながら調整し, 楽しく自由に作成できる。
- 2人組で作成することで,自然と対話が生まれ学び合いを効果的に行うことができる。

▲上級生から教わる1年生

▲作成のためのおたすけカード

▲友達との交流

学習の流れ

● 導入
- 上級生から「プログラミン」の使い方を教わり, 自分の好きな絵をプログラミングし関心を高める。

● 展開
- スイミーやその他の登場人物の気持ち, 海の様子の変化を読み取る。
- 自分が一番心に残った場面をプログラミングする。
- どのアイテムをどのように使うと効果的であるか2人組で話し合いながら進めていく。
「ヒダリンを使って動かそうよ。」
「どうしたら追いつくかな。」

● まとめ
- 音読と合わせて発表し, 感想を伝え合う。
- 様々な表現の仕方があることを知る。

・読み取りの際に意見を出し合いながら丁寧に心情に触れたことで, 一人一人が意見をもってプログラミングすることができます。

【授業のエピソード】
- 2人組で行ったことで, どのアイテムをどのように使えばよいかなど自然と対話が生まれ, 試行錯誤しながら自分たちで学習を進めていました。悩んでいる友達には「こうするといいよ。」と教え合う姿も見られました。効果音も効果的に使ったことで, その場面の怖さや楽しさを表現し, 聞いている友達にも危機迫る様子や海の楽しさが伝わっていました。同じ場面を選んでも, それぞれに違った工夫が見られ, より一層音読を楽しんでいました。

実践者：塩谷 知美・村松 薫

すいぞくかんをつくろう

1年	図工	ツール	プログラミング
		目　的	協働活動　制作活動

グループ1台

ICT活用のねらい

- 自分で描いた魚の絵をプログラミングしてパソコンの画面上で動かし，学習意欲を高めることができる。
- スクラッチの上下左右に動かすブロックや任意の秒数待つブロックを使い，プログラミングの順次を身に付けることができる。
- 完成した作品を友達と見せ合い，いろいろな動き方ができることを確認したり，どのようなプログラムにしたか考えたりして，思考力を身に付けることができる。

▲大型提示装置を使って説明

▲黒板に基本的な使い方を掲示

▲プログラミングしている様子

学習の流れ

● 導入
- 魚を動かす方法を知る。
- 使用するブロックを指定する。

● 展開
- 2人ペアになり，やり方を相談しながら交互にプログラムを作成する。
- 使うブロックは10個にする。
- 作ったいくつかのプログラムを1つにまとめて，長く動くようにする。

● まとめ
- 友達のプログラムを動かしてみる。
- 全体で意見共有をして真似したい動きを発表する。

- 初めてプログラミングをする児童が多いので，1つ1つ操作の仕方を確認しながら進めました。大型提示装置で説明することでやり方を分かりやすく伝えられます。

【授業のエピソード】
- 2人で1台のパソコンを使って授業を行ったので，相談して協力しながら学習する様子が見られました。素早く泳がせようと動く距離を変えたり，上に行くプログラムと下に行くプログラムを合わせてジャンプする様子を表現したり，工夫してプログラムする様子が見られました。自分で描いた絵をパソコンに取り込んで動かすので，1年生だけでなく他の学年でも興味をもって取り組めると思います。

実践者：川西 栄次

自分のまちで見つけたことをしょうかいしよう

2年	**生活**

ツール	協働学習支援ツール
目　的	思考活動　協働活動

グループ1台

ICT活用のねらい

- 町はっけんで見つけたことを写真や文章を使い，簡単に分かりやすく発表することができる。
- スタディノートを利用することで見学してきたことだけでなく，計画や見学後に考えたことなど，活動の流れを複数のページにまとめることができる。
- ICT機器を使うことで，お互いの見学の様子をスムーズに聞き合うことができるため，教室全体でシェアをする時間を確保できる。

▲グループごとの発表の練習と確認

▲練習したことの振り返り

▲電子黒板を想定しての練習

学習の流れ

●導入

「町はっけん」

1　学習計画を確認する。
2　見学の計画を立て，準備する。
3　学区で働く人の見学をする。
　・レストラン
　・銀行
　・美容院　　　など
4　見学したことをスタディノートにまとめる。

●展開

5　スタディノートにまとめたことを
　　プレゼンテーションする。
（1）発表の練習をする。
（2）中間発表をし，動画で記録し振り返る。

●まとめ

（3）町はっけん発表会を行う。

- 中間発表会では，課題を洗い出すことが目的なので，失敗することが大切だと伝えます。失敗したことを記録し，その後の練習に生かせるように声をかけます。

ドラッグストア

・おきゃくさんがえがおだとうれしい。
・みんなきょうりょくしてしごとをしている。

【授業のエピソード】

- 生活科では，校外学習で調べたこと，家の人，地域の人にインタビューをしたことを発表する際，紙媒体で時間をかけることが多いですが，ICT機器を使用することで写真データを使用し，電子黒板を利用することで時間を短縮することができました。短縮した時間を発表の練習にかけることができました。初めは内容を言うだけで精一杯でしたが，「皆の方を向いた方がいいかな。」「手を添えてやってみよう。」「原稿を見ないでやろう。」などのつぶやきがあり，よりよい発表をしようとする学園生が見られました。

実践者：信田 隆志

はじめようエコアクション

2年	つくばスタイル	ツール	協働学習支援ツール	グループ1台
		目的	思考活動　協働活動	

ICT活用のねらい

- タブレットを使い，ペアの説明活動を行うことで，互いの意見や疑問を交流しやすくなる。また，エコシールのアイディアも交換できる。
- 夏休みにエコアクションとして取り組んだことをスタディノートを利用してまとめることで，文章と画像を同時に見せることができるので，理解しやすくなる。
- 発表の様子を動画で撮影し，振り返ることで，よりよい発表の方法を自分で考えることができる。

▲夏休みのしゅくだいまとめ　　▲グループごとの振り返りと練習　　▲ペアでプレゼン

学習の流れ

「はじめよう！エコアクション」

● 導入

1　学習計画を確認する。

2　エコアクションについて調べる。

3　エコアクションの計画を立てる。
- 節電　　　　・節水
- ごみの分別　・エコバック
- 無駄使いをしない

4　エコアクションについて実行したことをスタディノートにまとめる。

● 展開

5　プレゼンテーションをする。

(1) 発表の練習をする。

(2) 中間発表をし，動画で記録し振り返る。

(3) 発表会をする。

● まとめ

6　エコシール作りを通して，活動を振り返り，保護者や地域に発信する。

- 発表のポイントを学園生に表し，発表の視点をもたせます。
- 学園生の「話す態度」「聞く態度」を明確にし，発表の雰囲気をつくります。

【授業のエピソード】

- つくばスタイル科では，校外学習や自宅で取り組んだことを発表する際，紙媒体にまとめる時間がかかりますが，ICT機器を使用することで写真データを使用したり，電子黒板を利用することで時間を短縮することができました。
- 初めてのプレゼンテーションで，内容を言うだけで精一杯でしたが，中間発表会を通して「分かりやすい発表」について，それぞれが考えることができ，教師のアドバイスを聞いて，発表の仕方を改善しようとする学園生が見られました。

実践者：信田 隆志

ふしぎなたまご

2年	図工

ツール	プログラミング
目 的	思考活動　制作活動

1人1台

ICT活用のねらい

- 文部科学省「プログラミン」を，2年生が1人1台のタブレットで，たまごから生き物が生まれるアニメーションを作る活動を通して，プログラミングについて学ぶことができる。
- ゲーム感覚で，楽しみながらプログラミングについて学ぶことができる。
- 自分のペースで進めることができる。
- 失敗しても何度でもやり直すことができる。

▲今日の活動の流れを確認

▲友達にアドバイス

▲アドバイスをもとに工夫

学習の流れ

● 導入
- 「ひみつのたまご」のお話を聞く。
- 「ひみつのたまご」のお話をアニメーションで表そう。

● 展開
- 卵の形や色，模様，何が生まれてくるか想像する。
- 「プログラミン」で，アニメーションをプログラムする。

● まとめ
- 「ひみつのたまご」の発表会をする。
- 自分が伝えたい場面の様子が表現できたかについて振り返る。

- プログラミンヒントカードを作成し，ペアで確認しながら制作させます。
- 割れていない卵，ひびが入った卵，割れた卵の動きをそろえることがポイントです。そのためには，「絵をコピー」で，絵とプログラムをコピーすることが重要になります。

【授業のエピソード】
- アニメーション作りを通して，楽しみながらプログラミンを学ぶことができました。自分のペースで進められるので，じっくり取り組んだり，いろいろな機能を試したりと，個に応じた学習ができました。また，「再生」ボタンを押せば，すぐに自分の意図した動きになっているか確認することができるため，何度も試し，試行錯誤する姿が多く見られました。子供たちもプログラミングの時間を楽しみにしており，様々な機能を見つけて工夫し，意欲的に取り組んでいました。

実践者：仁平 智代美

詩や短歌の情景を読もう

3年	国語	ツール	プログラミング
		目　的	思考活動　制作活動

1人1台

ICT活用のねらい

- 俳句の短い言葉から情景を想像し，それぞれが感じた場面を視覚化することで，言葉を明確に捉え，俳句をより楽しむことができる。
- プログラミンを使うことで，絵を自由に描いて，プログラムで動きのある俳句を表現できる。また，俳句を動かすことで次の作品のイメージを広げることができる。

▲自分の俳句の紹介

▲自分の思いを表現するためのプログラミング

学習の流れ

- ●**導入**
  - プログラミンで，俳句の世界を表現することを知る。
- ●**展開**
  - プログラミンを使って，自分の想像した俳句の世界を表現する。
- ●**まとめ**
  - 自分の作ったプログラミンと一緒に自分の好きな俳句を紹介し合い，一人一人の感じ方や受け取り方の違いを話し合う。

- 事前の準備として，以下の2点を行っておくとスムーズに作成や発表ができます。
①好きな俳句を選ぶ。
②ワークシートには，選んだ俳句の好きな理由を書いておく。
- 子供たちの自由な発想を称賛します。また，発想を言語化することで，学びが深まります。

【授業のエピソード】
- 菜の花の場面に風を吹かせたり，雪解けに喜ぶ子供の姿を描いたり，太陽を動かして時間の変化を表現したり。俳句の17音の言葉から行間の世界を想像して，楽しんでいました。どうしてそんな表現にしたか，目を輝かせて説明してくれました。楽しかったようで早く作り終わった学園生は，2つ目を作りたがりました。

実践者：齊藤 かすみ

3年1組をよりよくするためには

3年	**学級活動**

ツール	協働学習支援ツール
目的	思考活動　協働活動

1人1台

ICT活用のねらい

- スタディネットは，学習者のノートに書かれた考えを，1つの画面に意見を集約し，みんなで確認することができる。
- 学習者の意見を1つの画面に集約することで，互いの確認がスムーズになり，話し合いの時間が増え，たくさんの意見を出し合うことができる。

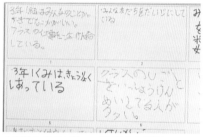
▲自分たちのグループの考えを送信

▲比較して，たくさん意見が出ました

▲1つの画面に意見を集約

学習の流れ

● **導入**

学級活動「3年1組をよりよくするための具体策作り」〜「6つの帽子」の視点を生かして〜というねらいを知る。

● **展開**

クラスのよいところ・よくないところを各自確認する。確認した点についてグループで話し合い，スタディネットに書き込む。

● **まとめ**

学級全体で共有し，話し合う。
グループに戻して改善策を話し合う。

- スムーズな授業展開とするため，以下の2点を実施するとよいでしょう。
事前準備　：アンケート
前時の授業：アンケートの結果から事実（白い帽子）と感情（赤い帽子）を洗い出し，自分の考えをもつ。
- 教師は，一覧表示を確認しながら，指名計画を立てることで，その後の話し合いが活発になります。

【授業のエピソード】

- スタディネットを活用したことで，自分たちの考えや書いた文字がそのまま瞬間に映し出され，より強く「自分たちの意見だ」と意識していました。「同じだ」「ちがう」など自然と意見を比較するつぶやきが多く見られました。待つ時間が少なくなったので，話し合いの時間を長く確保でき，最後まで意欲的に話し合い活動ができました。

実践者：齊藤　かすみ

日本の音楽に親しもう

3年	音楽

ツール	プログラミング
目 的	協働活動　制作活動

二人1台

ICT活用のねらい

- スクラッチを使用し，ラ・ド・レの３つの音で「お はやし」の旋律をつくることができる。
- よりよい「おはやし」を目指し，論理的に考えな がら，シーケンス（順次）やループ（繰り返し），デバッグ（間違い探し）などの基本的なプログラ ミングの概念を身に付けることができる。
- ペアやグループ活動を通して，よりよい旋律づく りを目指し，協働して音楽づくりができる。

▲ペアでの旋律づくり

▲作業中のスクラッチの画面

▲作品を発表する様子

学習の流れ

● 導入
- スクラッチで「おはやし」の旋律をバージョンアップ する。
- スクラッチでつくった旋律を聴き合う。

● 展開
- 修正を加え，リレー形式で再生する。
- 工夫した点を伝え合う。
- 和太鼓やリコーダーと合奏する。
- うまく合わない理由を話し合う。
- テンポや音量などを修正する。

● まとめ
- スクラッチでつくった音楽と生演奏のよさを考える。

- プログラミングした「おはやし」の楽器の音色やリズム，速 さを変えることで，同じ旋律が違ったものになります。生演 奏と合わせる際は，テンポが大事。演奏する人の歩み寄りが 必要です。

【授業のエピソード】
- 「それってどうやったの？」他教科の授業では ノートを取ることも苦手な子が，ペアの子に尋 ねながら集中して取り組み，堂々と作品を発表 することができました。
- 音符の長さを数字に置き換えることで，四分音 符や八分音符を正しく理解し，すぐに音が出る ことで楽しく進められました。演奏の苦手な学 園生でも達成感がもてたようです。
- 実際に楽器の演奏と合わせることで，正確に演 奏するスクラッチのよさと，間合いを考え演奏 する生演奏のよさの両方に気付くことができま した。
　　　　　　　　　　　　　実践者：會澤 明美

ビュートレーサーでゴールを目指そう

		ツール	プログラミングロボット	
3年	**つくばスタイル**	目的	思考活動　制作活動	**グループ1台**

ICT活用のねらい

- ビュートレーサーを走らせてゴールを目指すことで，プログラミング的思考を育てることができる。
- 失敗したプログラムを可視化して，どこを変えるべきか見直すことができる。
- 進む時間や曲がる向きを調節して，どの経路が一番よいかを考えることができる。

▲考え方を学ぼう

▲友達はどう考えたかな

▲8年生からアドバイスをもらおう

学習の流れ

- ● **導入**
  - ビュートレーサーの基本動作を確認しよう。
- ● **展開**
  - ビュートレーサーを使って，「宝石探索ゲーム」をしよう！
  - ルールを確認しよう。
    スタート地点から走らせて，宝石のマスまで進み，ゴールまで帰ってこよう。
  - 宝石探索ゲームを始めよう。
    宝石を1つ取って帰ってくるプログラムを作ろう。
    クリアしたら今度は宝石をたくさん取って帰ってくるプログラムを作ろう。
- ● **まとめ**
  - 友達のプログラムのよいところを見つけよう。

> ・ゴールにたどり着かなかった時，どのように考えると次の行動が決まるかを確認します。「進む秒数をもっと増やそうよ。」など，具体的な解決案が聞こえ，すぐに次のステップに移ることができます。

【授業のエピソード】
- ビュートレーサーを使って宝石探索ゲームをしました。何回失敗してもOK！　失敗から学び，次の成功につなげました。
- 8年生は3年生のお兄さん・お姉さんとして，優しくアドバイスを送りました。成功に導くヒントを上手に伝え，ゴールまでたどり着いた時は喜びを分かち合いました。

実践者：吉井 陽亮・宮本 莉歩

都道府県の形，名所や特産品をプログラミングで紹介しよう

4年	社会	ツール	プログラミング
		目 的	調査活動　思考活動

1人1台

ICT 活用のねらい

- 社会科の「県の広がり」の単元において，都道府県の調査活動の成果をアウトプットできる。
- クイズ形式にして考えを整理するとともに，学び合いを活発にすることができる。
- どのようなクイズにするかプログラミングし，場面を組み立てる力を高めることができる。

▲デジタル教科書で形や位置を確認

▲スクリプトに指示（スクラッチ）

▲友達との学び合い

学習の流れ

● 導入

- 4年社会　わたしたちの県において茨城県の地形，自然，交通，名所などを白地図にまとめる。
- デジタル教科書で各都道府県の位置や形，特産品や観光名所などを調べる。
- 地図帳を使用し，特産品を調べる。

● 展開

- 調べた内容をクイズ形式にすることを伝え，スクラッチでプログラミングする。

● まとめ

- 互いに発表し合うことで，各都道府県に対する知識を深める。
- 発表会
  「お気に入りの都道府県を見つけよう！」
- 都道府県クイズを作る。
  ○スクラッチ
  　描画機能
  　カメラ機能
  ○インターネット
  ○デジタル教科書

- 地図帳だけでなくデジタル教科書で調べたい県の形を表示し，描画しやすくします。
- タブレットで Web から特産品を調べ，カメラ機能で取り入れることができます。
- スクラッチの基本所作を確認し，誰もがクイズ形式でプログラミングできるようにしましょう。

【授業のエピソード】
- 都道府県クイズという課題に対し，デジタル教科書から地図をコピーするのではなく，県の形を描写して背景にする学園生が多く，その技術と地図の正確さに驚きました。
- 教科書だけでなく，地図帳や Web から名所や特産品を探し出し，大人も驚くような知識をクイズにしていました。
- 調べたり，細かく描写したりすることが苦手な学園生は形や特産品を，カメラで撮影し貼り付けてクイズにし，意欲的に学習する姿が見られました。

実践者：小田島 淳子

こん虫クイズをつくろう

4年	理科	ツール	プログラミング
		目 的	協働活動　制作活動　知識定着

1人1台

ICT活用のねらい

- これまで学んだことを活用し，自分で好きなこん虫のクイズを作り，学習意欲を高めることができる。
- キャラクターが問題を出すようにするために，数秒待つのブロックを使い順次を身に付ける。また，場合分けのブロックを使い，条件分岐を身に付けることができる。
- 試行錯誤しながら作成したクイズをペアやグループで見せ合い，問題を解いたりプログラムを説明したりして，思考力やコミュニケーション力を身に付けることができる。

▲つくったプログラムで発表

▲自分たちで調べた昆虫をクイズ形式で

▲まとめる

学習の流れ

- **導入**
  - スクラッチの使い方を知る。
- **展開**
  - こん虫の体のつくり，すみか，えさなどの特徴を振り返る。
  - 順次や条件分岐のブロックを使って，クイズ作りをする。
  - 解答や豆知識を付け加え，分かりやすいクイズを作る。
- **まとめ**
  - ペアやグループで自分で作ったこん虫クイズを出し合う。
  - 工夫した点やプログラムの説明をする。

> 正解や不正解で画面の反応が変化するように，条件分岐をさせましょう。早く進んだ子供には音やヒントを出す仕組みを作らせましょう。

【授業のエピソード】
- スクラッチの問題作りに，とても意欲的に取り組む姿が見られました。
- 表示やメッセージのタイミング，条件分岐の思考にとても苦労していました。しかし，失敗を繰り返しながら修正を加え，自分の力でクイズを作成することができました。
- クイズだけではなく，そこにゲーム性のあるような作品を作っている子供たちもいました。

実践者：斎藤　優奈

スタディネットで動植物調査

4 年	**理科**	**ツール** 協働学習支援ツール
		目 的 調査活動　思考活動　協働活動

1人1台

ICT 活用のねらい

- スタディネットを活用することで，各児童がまとめた記録を集約し季節ごとの変化や成長の様子を議論させることで，季節ごとの動植物の変化や成長や活動の違いに気付くことができる。
- 写真や動画を撮影することで，見逃しがちな変化にも目を向けることができる。
- 1年間の長期的な記録も写真や動画を保存しておくことで，変化に気付くことができる。

▲集約された記録を確認

▲友達と協力して動画撮影

▲自分たちの身長と比較して記録

学習の流れ

● 導入
- 観察するもの，観察のポイントを確認する。

● 展開
- 年間を通して観察するゴーヤー（ツルレイシ）の変化をスタディノートにまとめる。
- まとめたものを教師のタブレットに送信する。
- 季節の生き物を観察し，リポーターになりきり，動画に撮影する。

● まとめ
- 観察した生き物の変化を共有し，季節ごとの変化についてまとめる。

- 写真に文字を書き込み，分かりやすく記録するようにし，事前に教室で練習しましょう。
- 植物の大きさなど，友達と協力して記録することで，視覚的に分かりやすく記録させます。
- 外での活動になるため，1人1台ポケット Wi-Fi を持たせるなどしましょう。

【授業のエピソード】
- 写真に気付いたことを書いたり，動画に撮影し，リポートしたりするために，より細かいところまで観察することができていました。生き物の変化や成長がより伝わるよう注目するポイントに絞って撮影したり，色や文字を効果的に使い記録したりするなどの工夫もできていました。
- 自分の身長と比較して撮影するなど，工夫して記録をまとめている児童もいました。実際の大きさや成長の様子を捉えやすいようでした。
- 集約された意見には，自分が気付かなかった発見も写真や動画があることでより興味をもって見ている児童が多かったです。

実践者：髙井 豊一郎

75

教育版レゴ® マインドストーム® EV3 で time trial race

4年	つくばスタイル	ツール	プログラミング
		目 的	協働活動　制作活動

グループ1台

ICT 活用のねらい

- ロボットを素早く正確にゴールさせる活動を通して，プログラミング的思考を養うことができる。
- 友達と協力しながら，問題を解決することができる。
- 何度も試行錯誤させることで，主体的な態度を育てることができる。

▲プログラム作成の様子

▲作成したプログラム

▲プログラムを確認している様子

学習の流れ

● 導入

- 学園マスコット「みどりん」を助けながら，早く正確にゴールするためには，どのようなプログラムを作成したらよいだろうか。
- 上記の課題を確認し，本時の学習内容を確認する。

● 展開

- 班ごとにプログラムを作成する。作成したプログラムを確かめながら，ゴールを目指す。
- タイムトライアルレースを行う。

● まとめ

- 早く正確にゴールするためには，コースのポイントを押さえ，最高速度で一気に進むとよい。

- 最初は簡単な方法のみを説明します。また，少しずつ確かめながら進めることで，安心感を与えます。慣れると子供たちは進んで高度な技にチャレンジします。

【授業のエピソード】

- 授業を行っていて，友達と話すことが苦手な学園生も，意欲的に話し合いに参加することができました。自分の意見を取り入れてもらうことができ，実際にレゴ® がうまく動いたときは感動していました。ゴールできた時には，飛び上がって喜んでいました。レースの時には，優勝できるか他の班を気にしつつ，盛り上がりました。

実践者：金岡 裕一

正多角形の作図をプログラミングで解決

5年	算数	ツール	プログラミング	
		目的	思考活動　制作活動	グループ1台

ICT活用のねらい

- プログラミング学習ソフト「スクラッチ」を使い、正多角形の定義をもとにプログラミングすることで、容易に角数の多い多角形でも作図できる。
- 自分の作図から正多角形が次第に円に近付くことを実感することができる。
- プログラミングを通して、正多角形の角の性質を再確認することができる。

▲みんなで角の大きさを確認

▲正多角形を作図するプログラミング

▲協力して作図が完成！

学習の流れ

● **導入**

定義をもとに定規と分度器で作図する。

【正多角形の定義】

辺の長さが、すべて等しく

角の大きさも、すべて等しい多角形

● **展開**

（1）作図の手順を確認し、プログラミングをする。

＜作図の手順＞

①辺（線分）を引く。

②1つの内角の大きさを測る。

③①～②を繰り返す。

（2）結果を確認し、予定された形になっていない場合は、友達と話し合い解決する。

（3）画数を増やした多角形を作る。

● **まとめ**

完成した作図から気が付いたことをまとめる。

- 作図で用いた内角の大きさとプログラミングでの角の大きさの違いに戸惑う子が多いため、アンプラグドで体験したり、話し合ったりしながら丁寧に進めます。
- 余った時間に、星形や幾何学模様を作ることで、数学的関心がより高まります。

【授業のエピソード】

- 定規と分度器での作図で苦戦していた子も、生き生きとプログラミングに取り組んでいました。プログラミングのよさを実感できたようです。
- 角の入力に誤りに気付き、クラス全員でプログラミングの検討と修正ができました。
- 授業後に、こんなプログラミングができたと何人もの学園生が駆け寄って来ました。また、授業後も取り組んでいた学園生が印象的でした。

実践者：岡澤 宏

Pepper を用いて学校の良さを紹介しよう

| 5年 | つくばスタイル | ツール | ロボット　プログラミング |
| | | 目 的 | 協働活動　制作活動 |

グループ1台

ICT 活用のねらい

- Pepper を学校紹介などに用いることで，学校の良さを再発見するとともに，シミュレーションソフトではなく，ロボットを使用することの良さに気付くことができる。
- 3人班で Robo Blocks を用いてタブレット画面上でプログラムし，授業の後半には実際に Pepper を動かすことができる。

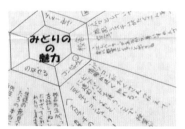
▲学校の良さをワークシートに記入する

▲話し合いながらプログラミング

▲発表の様子

学習の流れ

● 導入

1　学校の良さについて確認する。
- 教科担任制の専門的な授業。
- 小中一貫で前期・後期課程で交流ができる。

2　スクラッチと Pepper の違いを考える。
- 実際に動いたりしゃべったりする。

● 展開

3　Robo Blocks を用いて Pepper をプログラムする。

4　良さや改善点を話し合う。
- 大型提示装置にはプログラム画面を映す。
- Pepper には実演させる。

● まとめ

5　学習の振り返り。

> ・Pepper を教員がプログラムし，あえて声の高さやスピード，動きに違和感があるものを授業の導入で用いることで，学園生の関心が高まります。まずは教師がチャレンジしてみよう！

【授業のエピソード】

- ロボットとして動きが加わることで，「接しやすい」「こちらからも話しかけたい」などの，ロボットの良さに気付くことができました。
- 3人班でプログラミングを行い，うまく動かないときにどうすればよいのか相談しながら行うことで，論理的な話し合いができました。
- 人との受け答えをプログラミングする班もあり，次時に取り入れたいと，他の班の良さに気付く場面も多々見られました。

実践者：秋山 拓摩

くらしを支える食料生産

5年	社会	ツール	プログラミング
		目的	協働活動　制作活動　知識定着

グループ1台

- 社会科で学習した「くらしを支える食料生産」について，学んだ内容をクイズにすることで，理解を定着させることができる。
- スクラッチを使うことで，クイズ形式や表示形式が工夫できるため，創造性を養うことができる。
- 班ごとにタブレットパソコンを使って，発表と聞き手を交代することで，対話の機会を保障することができる。

▲発表に向けた班での打ち合わせ

▲アドバイスを受け，個人で修正

▲他の班への発表の様子

学習の流れ

● **導入**
- 社会科「くらしを支える食料生産」についてのまとめと発表会の流れについて確認する。

● **展開**
- スクラッチを使い，スタディノートに都道府県の農産物についての問題を，クイズ形式で作成したものの修正と発表をする。
- 他の班とタブレットを使い，対話しながら，発表したり質問について答えたりする。

● **まとめ**
- お互いの発表についての感想を述べ合う。

- 楽しみながら農産物の生産地が覚えられるようなプログラミングになるように出題方法を考えさせましょう。
- スクラッチに慣れている児童と協力できるように，グループ構成を工夫しましょう。

【授業のエピソード】
- 社会科の内容を覚えることも大切ですが，今回は友達と協力しながら楽しみながら学習できたという感想が多かったです。
- スクラッチを使うことにより，写真・音声・キャラクターの動きなどがあり，発表者と聞く側がより対話的になっていました。

実践者：塚本　晃生

SDGs シールを使ってエコ生活を広めよう

5 年	つくばスタイル	ツール	協働学習支援ツール
		目 的	制作活動

1人1台

ICT 活用のねらい

- 制作の方法を習得し，試行錯誤しながら，分かりやすいデザインを考え，数種類の SDGs シールを作ることができる。
- シールに込めた思いやデザインの説明をプレゼンすることができる。
- プレゼンをしたり，聞いたりすることで，よりエコ生活への意欲や必要性を感じることができる。

▲エコ生活の必要性を説明中

▲工夫をこらしたデザイン

▲様々な思いがずらり

学習の流れ

● 導入
- 環境問題について考える。
  ①どうしたらごみを減らせるだろうか。
  ②生き物が生活しやすい環境をつくるにはどうしたらよいだろうか。

● 展開
- SDGs シールを使って，エコ生活を広めよう。
  ①シールをデザインする。
  ②ペイント機能を使い，シールを制作する。
  ③デザインの説明をする。

● まとめ
- シールをたくさんの人に配り，エコ生活を広める。

- SDGs のために自分ができる具体的な取り組みをシールにデザインし，取り組む場所などに貼って，いつでも取り組みを意識できるようにします。

【授業のエピソード】
- 節電シールを電気のスイッチ付近に貼ったり，リサイクルシールをごみ箱に貼ったりして，いつもエコ生活を意識することができるようになりました。たくさんの人にシールを配り，エコ生活を広めることができました。調べたことを実践につなげ，生活に生かすことができました。

実践者：山本 孝子

ロボホンで「環境かるた」を楽しもう

5年	つくばスタイル	ツール	ロボット	グループ1台
		目的	思考活動　制作活動	

ICT 活用のねらい

- スクラッチでかるたの読み札をプログラムすることで，環境への意識を高めると同時に，プログラミングのスキルを身に付けることができる。
- パソコンの画面ではなく，ロボットが身振り手振りを交えながら話すことで，プログラミングをより身近なものに感じることができる。
- 環境かるた大会への意欲を高める。
- 2年生の環境学習の導入に役立つ教材にする。

▲ロボホンが札を読んでくれる

▲ロボホンスクラッチでプログラミング

▲成果は学園対抗環境かるた大会でも

学習の流れ

1　**ロボホンと会話をしてみよう。**
- 話す，聞く，動くといったロボホンの機能に触れる。

2　**ロボホンをプログラミングしよう。**
- ロボホン専用の拡張ブロックを使って簡単な会話をプログラムする。

3　**環境かるた大会への練習に，ロボホンにも参加してもらおう。**
- 読み札を入力する。
- かるたらしい読み方の工夫を行う。
- 同じ札を読まない工夫を行う。
- 音声で合図をしてから次の札を読む。

4　**環境かるたを楽しもう。**

5　**2年生にも使ってもらおう。**

- 実際にかるたをしながら，不具合を修正することが大切です。ロボットに日本語を読ませるとイントネーションが違ったり，順番で読ませたらいつも一緒なのでランダムにしたり，教師が教えるのではなく，子供が気付いて修正することがプログラミング学習の良いところです。

【授業のエピソード】

- 見た目もかわいいロボホンが，すでに慣れ親しんでいるスクラッチを使ってプログラムできると知ると，すぐにプログラムに取りかかることができた。
- 毎年行われているつくば市学園対抗環境かるた大会へ向けての練習にも活躍し，ロボホンは応援や励ましもしてくれる仲間となっていた。

実践者：内田 卓

外国の人に，自分・学校・日本のことを伝えよう

5年	**外国語**	ツール　デジタル教科書 目　的　協働活動　知識定着

先生1台

- BIG PAD（大型提示装置）で提示された音声とイメージを視覚的・聴覚的に瞬時に結び付けることで，外国語学習初期段階にある学習者がコミュニケーションを行う目的・場面・状況などについて，学習言語のみで帰納的に理解を深めることができる。
- タブレットを活用し，一人一人が役割分担に沿って自分の考えを整理してまとめ，資料を提示しながらグループの考えを伝えることができる。

▲デジタル教科書では，楽しいアニメーションと音楽がたくさん含まれています。リズムに乗って体を動かしながら，英語特有の音声に慣れていきます。指導者は，まとめの振り返り活動時以外は学習言語で指導することが可能です。

学習の流れ

● 導入
クラスの友達にグループで伝えよう。
- Unit 3 : What do you have on Monday?
  「夢をかなえる時間割を伝えよう」
- Unit 6 : I want to go to Italy.
  「行ってみたい国や地域を紹介しよう」

● 展開
校外や外国の人にグループで伝えよう。
- みどりのプレコン
  「将来就きたい職業やその理由は？　行ってみたい国でやってみたいことは？」
- G 20 国際交流プログラム
  「アスケーロ・ファビオ先生から学ぼう」

● まとめ
一人一人の考えを発信しよう。
- Unit 9: Who is your hero?「あこがれの人を紹介」
- 5年生プロジェクトまとめ
  「自分・学校・日本について紹介しよう」

【授業のエピソード】
- 「伝え合う」必然性のある場面について目的意識をもって取り組むことができるように，役割分担をして情報収集する言語活動を毎時設定するという問題解決型学習において，デジタル教科書等をモデルとして BIG PAD（大型提示装置）で提示しました。小学校外国語学習に見られる「好きこそものの上手なれ」の効果を最大限に生かすために，帰納的理解を促す中間指導の時間を可能な限り確保することで，既習の知識を自分なりに組み合わせて相手に伝えようとする学習者の姿が見られるようになりました。

実践者：佐々木 啓子

- 1年間の学習のテーマについて把握するとともに，どのような学習の流れで自分の考えを整理するかについて学習者が意識して活動し，帰納的理解を深められるよう配慮します。

琵琶湖の面積を求めよう

6年	算数	ツール	スタディネット
		目 的	思考活動　協働活動

 グループ1台

ICT活用のねらい

- 図形の面積を求める学習を，何度も書き直すことができるタブレットを使って繰り返し思考することができる。
- 自分の考えが画面に映ることから，子供たちが意欲的に学習に取り組むことができる。
- エクスチェンジボードを使い，様々な考えを一覧表示し，比較することができる。

▲考えを書き込んでいる様子

▲グループの中で意見交換

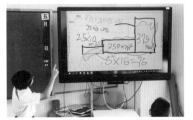
▲画面に書き込みながらの発表

学習の流れ

- ● 導入
  - 琵琶湖のおおよその面積を求めるにはどうするか考える。
  - 考え方
    1. メモリを使って考える。
    2. おおよその似ている形に当てはめて考える。
    3. 細かく図形に分けて考える。
- ● 展開
  - グループで考えたものをまとめ，教師のパソコンに送信する。
- ● まとめ
  - 全体で意見共有をして，いろいろな考えがあることを知る。

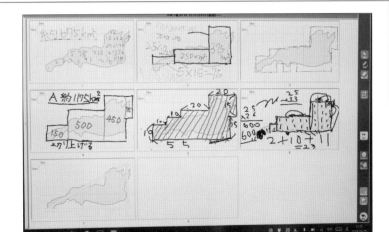

- 教師の方で「先生は3パターン見つけたよー」などと声かけし，いろいろな考えが出るようにしましょう。
- 図形を考えにそって色分けをするなど，分かりやすく説明できるようにしましょう。

【授業のエピソード】
- なかなか意見の言えない学園生もタブレットに書き込んだり，グループの人の意見を聞いたりすることでいつもより積極的に取り組むことができていました。また，それぞれの意見の違いや同じところを一目で見ることができるのもスタディネットの良いところです。

実践者：中嶋 倫子

森林火災の対策に AI を利用しよう

6年	つくばスタイル	ツール	プログラミング
		目的	協働活動　制作活動

1人1台

ICT 活用のねらい

- 課題に関連する資料を大型提示装置に掲示することで問題意識をもって課題に取り組むことができる。
- 大型提示装置に学園生と同じ画面を掲示して進めることで，操作が苦手な学園生も確認しながら進めることができる。
- 1人1台のタブレットを使って，各自のレベルに合わせて課題解決を進めることができる。

▲相談しながら課題解決を進める

▲ AI（エージェント）にプログラミング

▲ AI（エージェント）の動作確認

学習の流れ

● 導入
- オーストラリアで起きている森林火災について共有する。
- AI の力を使って森林火災を食い止めることを確認する。

● 展開
- 森林火災を食い止めるために必要な知識を AI に習得させるため，プログラムを組む。
- AI が正しく機能するか訓練を繰り返す。
- AI を森林火災が起きている現場に派遣し森林火災を食い止める。

● まとめ
- 今回の学習内容は現実で行われていることであり，この先プログラミングの重要性がさらに高まっていくことを確認する。

- 森林火災という問題と AI の活躍を身近に感じられるような掲示資料を準備し，導入を丁寧に行います。

【授業のエピソード】
- エージェントへの命令が指定されるのでゲーム感覚で進めることができました。
- ゲームを通して，今後の AI の活躍をイメージすることができました。
- オーストラリアの森林火災の問題について考えることができました。

実践者：蓮見 俊之

マインクラフトで未来の家を創造しよう

6年	つくばスタイル	ツール	プログラミング
		目 的	協働活動　制作活動

1人1台

- マインクラフトを利用することでトライ＆エラーを繰り返し，十分にシミュレーションをした建物を作ることができる。
- 1人1台のタブレットを活用し，各自のレベルに合わせて課題解決を進めることができる。
- 大型提示装置にはプログラム画面やプログラムの実行の様子を映すことで，課題解決のヒントにすることができる。

▲各自課題解決を進める

▲プログラムが正しく働くか確認

▲命令ブロックを組み合わせる

学習の流れ

● 導入

- 効率よく建築を進めるためには，エージェントにどのようにプログラミングするか考える。

● 展開

- 全員が共通の課題に取り組み，達成した学園生から自由な建築を進める。
- 課題解決1（共通課題）
  エージェントを利用して家の土台となる外壁を建築する。
- 課題解決2（自由課題）
  エージェントへのプログラムと手動での建築を組み合わせ，自由に建築する。

● まとめ

- 何人かのプログラムとその意図を全体で共有する。

- 初めの課題を達成した後に自由課題を設定しましょう。
- 各自のレベルに合わせて学習を進められるとともに，デザインや住みやすさを考えながらプログラムができるように声をかけましょう。

【授業のエピソード】

- 同じ課題でもプログラムの方法が複数あって面白かったです。
- 途中から自由課題になっても，プログラムの内容に重なる部分があるのですぐに聞いて進めることができました。
- 失敗したときに，どこをどのように直せばよいのか考えるのが楽しかったようです。

実践者：蓮見 俊之

プログラミングで地球を救おう

6年	つくばスタイル	ツール	プログラミング	
		目的	協働活動　制作活動	グループ1台

ICT活用のねらい

- STEAM教育の一環として，世界で起きている地球環境問題に触れ，SDGsの目標について理解し，プログラミング教材を使って，問題を解決するプログラムを作成し，相手に説明できる。
- スタディノート10を用いて，各自の考えを1つの画面上で共有し，意見交換ができる。
- 1人1台でパソコンを使用しつつ，ソフトの中で同じ世界を共有でき，対話的な問題解決につなげる。

▲災害支援のためのドローン

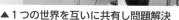

▲1つの世界を互いに共有し問題解決

▲ロボットによる環境問題の紹介

学習の流れ

● 導入

1 SDGsの17の目標について知り，地球環境問題を解決するためのプログラミング教材を考え，スタディノート10を使って互いの考えを共有する。

● 展開

2 環境問題を解決するプログラムを作成する。
（ドローン，スクラッチ，Minecraft Education Edition，ロボホン，Pepper，micro:bit）

3 完成したプログラムの発表の準備をする。発表の練習をする。

4 発表をする。

● まとめ

5 学習の振り返りをする。

- 様々なプログラミング教材を用意することで，個別適正化の教育ができます。また，発表を聞き合うだけでなく，共感的・体験的に学び合うことができます。

【授業のエピソード】

- SDGsの目標を解決する方法を，自らが考え，それを形にできるため，児童たちは意欲的に活動に取り組んでいました。児童に「プログラミングをすることは楽しい？」と質問すると，「違いますよ。楽しいからやっているんではなくて，本当にこの問題を解決したいからやっているんです。」という答えが返ってきました。SDGsの意味などを十分に深めたので，児童は使命感に燃えている様子でした。

実践者：前田 邦明・大川 友梨・秋本 淳・
谷川 康一・五木田 幸夫

地球の秘密を探ってみよう

7年	理科

ツール	大型提示装置　iPad
目　的	思考活動　協働活動　知識定着

二人1台　クラス1台

ICT活用のねらい

- デジタル顕微鏡の画像を大型提示装置に接続することで，観察している画像をグループやクラスで共有することができる。
- デジタルマイクロスコープを使用することで，顕微鏡操作の知識・技能を定着することができる。
- iPadやスマホのカメラ部分に接続できるスマホ顕微鏡により，眼鏡が接眼レンズに当たらずに観察が可能になります。また画像を見ながらグループで活発な議論ができる。

▲顕微鏡で見えたものをタブレットで撮影し，みんなで共有

学習の流れ

● 導入
- 地球を構成している鉱物を顕微鏡で観察することで，顕微鏡操作の定着と多種多様な鉱物の世界を知る。

● 展開
- 個人で観察し，教科書の鉱物と似ているか確認する。教科書にない鉱物についてはグループ内で共有し，有色鉱物か無色鉱物の仲間分けをする。また教卓の鉱物標本と見比べて特定する。
- グループ内で最も美しい鉱物のプレパラートができた代表者は，教卓のデジタル顕微鏡を用い，大型提示装置に映す。

● まとめ
- 鉱物を観察することで，地球がどのように誕生し，今に至っているかに関心をもたせる。

【授業のエピソード】
- 火山灰など身近な砂のように感じていた中から，美しい鉱物を発見する喜び，それをデジタル顕微鏡から大型提示装置で共有することで自分だけの宝物を見つけようとする意欲的な活動につながりました。
- 1台の顕微鏡をのぞくより大型提示装置に映し出すほうが時間的効率も良く，クラス全体の共通理解を図ることができました。
- ICT活用により，消極的な生徒も積極的に取り組むことができました。

実践者：高瀬 和江

- デジタル顕微鏡から大型提示装置に映し出された鉱物を見ることで，自分のサンプル内でも同じ鉱物を探す意欲をもたせることができます。

ARでみどりの学園の紹介をしよう

7年	つくばスタイル	ツール	AR
		目的	調査活動　協働活動

グループ1台

ICT活用のねらい

- 「マチアルキ」を使用することでARについて理解したり，創造力を高めることができる。
- みどりの学園の紹介動画を撮影することで，思考力や協働力を高めることができる。
- 振り返り活動を通して，理解を深め創造力をさらに高めることができる。

▲ ARアプリ　マチアルキの体験

▲コンテンツ作り

▲みどりの学園の紹介を動画で撮ろう

学習の流れ

● 導入

- ARとは何だろう？
  ARとは，「拡張現実感（Augmented Reality）」という意味で，実際の景色などに，コンピュータを使って，さらに情報を加える技術のこと。

● 展開

- ARを体験しよう。
  ARアプリ「マチアルキ」を体験する。
- みどりの学園の紹介動画を作ろう。
  みどりの学園の良いところ，マスコットキャラクター「みどりん」などの紹介動画を作成。
- ARでみどりの学園の紹介動画を体験しよう。
  自分たちで作った動画を実際にARとして体験する。

● まとめ

- まとめ，振り返り（今後に生かしていこう）。

- ARを理解させるために，みどりの学園の紹介が流れるマーカーを事前に制作し，体験させます。

【授業のエピソード】

- タブレットの画面上でARを体験した時にとても良い表情になり，興味をもって授業に臨んでいました。学校紹介の動画の撮影では「紹介をする人」や「撮影する人」などの役割をいつも以上に積極的に活動することができました。実際にできた学校紹介のARを見て完成した喜びや満足感を得ていました。

実践者：飯野 健治

自分のお気に入りを紹介しよう

7年	英語

ツール	協働学習支援ツール
目　的	思考活動　協働活動

1人1台

- タブレットを使うことで，様々なペアと気軽にプレゼンテーションをすることができる。
- 準備したプレゼンテーションを繰り返し発表することで「伝える力」，「やり取りする力」を育てる。
- 絵や写真を効果的に使って自分や友達の好きなものを，英語で意欲的に伝え合うことができる。

▲ローテーションで繰り返し発表

▲ペアでプレゼンテーション・英会話

▲終わったら相互評価

学習の流れ

● **導入**
- お気に入りのものを英語でプレゼンテーションするモデルを見せる。

● **展開**
- スタディノートで作成したプレゼンテーション資料を用いてペアで発表する（2分30秒でお互いに英会話しながら）。
- 相互評価を行う。
  ○ Speed（速さ）　○ Volume（声量）
  ○ Facial expression（表情・アイコンタクト）
  ○ Picture presentation（資料の見やすさ，見せ方）

● **まとめ**
- 全体でグッドモデルの生徒や，プレゼンテーションの力が向上した生徒の発表を聞き，次時の授業の意欲付けを行う。

> ・ローテーションでペアを変え，10回程度生徒同士で英語での発表や会話のやりとりを繰り返し行うなど，英語が苦手な生徒も上達できるように配慮しましょう。

【授業のエピソード】
- 帯活動の英会話"small talk"の活動と結び付けて実践することができます。プレゼンテーションの際には，用意したものだけでなく，英語で自由に会話のやりとりをすることもでき，楽しく意欲的に取り組めます。最初は2人で1分続かなかった英語での会話のやり取りが，学期末にはほとんどの生徒が2分30秒まで継続できるようになりました。

実践者：吉田 圭介

89

みどりの学園のPRソングをつくろう

8年	音楽	ツール	プログラミング
		目 的	思考活動　制作活動

1人1台

ICT活用のねらい

- ボーカロイドを使用することで，楽譜が読めなくても，リズムや音程が分からなくても，作曲活動を行うことができる。
- 1人1台のタブレットを使って活動を行うことで，自分の思いや意図をもって，自分だけのオリジナル曲を作ることができる。
- 作った曲はすぐに再生して聴くことができ，自分の思いどおりの音になっているかを確認することができる。

▲グループで中間発表

▲工夫のポイントの説明

▲完成したPRソングの紹介

学習の流れ

● 導入
- みどりの学園のどんなところをPRしたいか，どんな曲にしたいかを考える。

● 展開
- 4分の4拍子，8小節の歌詞を考える。
- 伴奏の形を決め，和音の中から，音を選んでいく。

● まとめ
- グループでの中間発表をする。
- 中間発表でのグループの意見を参考にしながら，音の上がり下がり，反復，変化などの工夫を加える。
- 発表会をする。

- ボーカロイドを使う前に，どんな音楽にしたいかのイメージをもたせ，自分の思いや意図をもって表現できるようにします。中間発表会を設けるなど，対話的な活動ができるようにしましょう。

【授業のエピソード】
- 歌詞を入れて，音を選ぶだけで自分だけのオリジナルの曲が作れてしまう手軽さが学園生にとってとても魅力的であったようです。歌を歌ったり，楽器を演奏したりするのはちょっと苦手な学園生が友達に操作の仕方や工夫の仕方を教える姿も見られ，主体的な活動ができていました。

実践者：青栁 可奈

お弁当は手作り派？ コンビニ派？

8年	家庭科

ツール	協働学習支援ツール
目　的	思考活動　協働活動

グループ1台

- スタディネットを活用して，他者と意見交流することを通して，多様な考え方を取り入れ，自分自身の食生活の改善へとつなげることができる。
- ワークシートを各端末に送信し，記入することができる。自由記述やグラフ，図などで根拠を示し，分かりやすく説明する。全員の意見を画面に並べ，意見を比較検討することができる。

▲グループで意見をまとめる

▲提示する資料を作成

▲全員の意見を比較検討する

学習の流れ

- **導入**
  - 食生活に関する問題点を知る。
- **展開**
  - 課題について，小グループに分かれて話し合う。事前に考えてきた根拠を示しながら主張する。
  - 小グループでの話し合いをスタディネットで発表できるようにまとめる。
- **まとめ**
  - 話し合いの結果を全体で共有する。
  - 話し合いをもとに考えたことをまとめる。

- 手作りと加工品の利点や問題点を分類・整理し，比較することで，自分の食生活が，環境問題や社会問題につながっていることを意識させます。
- タッチペンや，文字入力機能があるとさらに使いやすい。

【授業のエピソード】
- 普段は控えめで，意見をもっていても自分からあまり出せない学園生も，ICTを使ってまとめたり見せたりすることで積極性が増しました。
- 全体発表後に再び全員の意見を並べ，読み直したり比較したりすることで，自分の考えをまとめやすくなりました。

実践者：山本 孝子

図形の性質を使って難解問題に挑戦

9年	数学	ツール	協働学習支援ツール
		目 的	協働活動　知識定着

グループ1台

ICT活用のねらい

- 他の人が何を考えているのか見ることで，自分の考えを整理することができる。
- 同じ考えの人を簡単にグループ分けし，教室内の考えを整理することができる。
- 前の画面に送られたものにさらに書き込むことで，考えを膨らませることができる。
- 発表が苦手な生徒も，画像に書き込みを入れながら説明することで，分かりやすく伝えることができる。

▲個人でしっかり考える

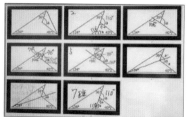

▲各班の考えが1つの画面に

▲グループ学習が活発に

学習の流れ

● 導入
- 見たことのない図形の角度をどうやって導いていくか考える。

● 展開
- 補助線を利用して定理を導いていく。
- 個人で考えた後，タブレットの図形を使いながらグループで意見を共有していく。
- 考えを教員のパソコンに送信し，全体で考えを共有していく。

● まとめ
- それぞれの補助線の使い方を見ながら，自分の意見との違いや共通点を見つけていく。

- 友達の意見を参考にしながら自分の考えをふくらませられるよう声かけをしましょう。
- 課題を与えることで，「考えたい」という意識をもたせるようにしましょう。
- 気になるアイディアはワークシートに記入させ，振り返りに活用しましょう。

【授業のエピソード】
- 考えをなかなか発表できない子や問題に取り掛かれない子でも，タブレットを利用してグループで意見を言い合う中で，自分の考えをもつことができるようになりました。

実践者：中嶋 倫子

環境シミュレーションで地球を守ろう

9年	科学部	ツール	プログラミング
		目的	思考活動　制作活動

1人1台

ICT活用のねらい

- スクラッチを使用してプログラミングに必要な論理的思考力を育むことができる。
- 自由にテーマを考えることで創造性を養うことができる。
- 友達と意見を調整することで協調性を身に付けることができる。
- 掲示板を使い，市内の小中学校と交流しながら改善することができる。

▲作成したプログラム

▲来客者に説明している様子

▲コンテストでの発表

学習の流れ

- **導入**
  - スクラッチを使ってプログラミングしたいテーマを考える。
  - 現実的な課題で，パソコンで表現可能なものを考える。
- **展開**
  - プログラムを作成する。
  - プログラムを修正する。
  - プログラムを調整する。
  - プログラムを発表する。
- **まとめ**
  - プログラムを改良する。
  - 掲示板で市内の小中学校に公開する。

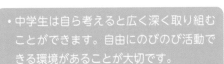

- 中学生は自ら考えると広く深く取り組むことができます。自由にのびのび活動できる環境があることが大切です。

【授業のエピソード】
- 霞ケ浦の食物連鎖を再現しようと考えて生まれたプログラムです。開校当時の9年生が開発し，改良を重ねながら科学部で引き継がれています。餌を食べないと餓死したり，四季の変化に合わせて生物の行動が変化したり，実際の環境に近づくように工夫してきました。外来種が与える影響がよく分かるようにプログラミングされているので，外来種の危険性を訴えながら，日本古来の環境を守ることを伝えることのできる実践的なプログラミングに仕上がっていて感心します。

実践者：川西 栄次

ねえ，聞いて。ぼくのこと・わたしのこと
自己紹介のプログラミング

支援	自立活動	ツール	プログラミング
		目 的	思考活動　制作活動

1人1台
大型提示装置

ICT活用のねらい

- プログラミンを使って自分の好きなことを自由に表現しながら，自己紹介のプログラミングを作り，自己理解を深め自己肯定感を高めることができる。
- 1人1台タブレットを使うことで，個々のプログラミングの技能の向上を図る。
- 大型提示装置を使って発表することで達成感と自信をもつことができる。

▲できた作品を見せ合う

▲発表原稿

▲プログラミング制作中

学習の流れ

● 導入

- 自己紹介のプログラミングを作る計画を立てる。
  （前年度作った「スイミー」を想起する）

● 展開

- 各自，プログラミンで自己紹介を作る。
- 操作の仕方を教え合いながら作る。
  例　ミエルンを使ったら絵が消えた。
  　　キガエルンで色が変わった。
  　　オンプンで音が出る。
- 作成したプログラミングをお互いに見合ってよいところやもっと工夫した方がよいところなど意見交換する。

● まとめ

- 自己紹介のプログラミング発表会を行う。
- ビデオに撮って懇談会で上映する。

> ・1人1台タブレットを使用することで自由に作ることができる。発表会を実施し，映像で保護者に見せることで意欲が高まります。

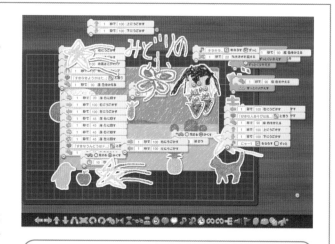

【授業のエピソード】

- プログラミンの操作に慣れてきているので，自分で自由に絵や動き，音を加えることができた。友達と自分の作ったプログラミングを見せ合うことで，もっといろいろな動きを試してみようという意欲が高まり技能の向上につながった。アイテムを絵に貼りつけていくと動いたり音が出たりすることに驚いたり喜んだりしていた。いろいろなアイテムを入れて動きを確かめて，思ったとおり動かせたときには大満足であった。ビデオを撮って家の人に見てもらうことでも，自己肯定感や達成感につながった。

実践者：櫻庭 はるみ

1次関数のグラフの傾きと魔法使いの風船割り

支援	数学	ツール	プログラミング
		目 的	思考活動　知識定着

1人1台

- スクラッチを使うと，簡単なプログラミングで，自由に光線の傾きを変えて発射することができる。
- 横向きと縦向きの長さを設定し，ゲーム感覚で風船を割りながら，グラフの傾きの理解を深めることができる。
- 予想を立て，期待を込めた光線の発射にはわくわくドキドキ感がある。

▲協力して傾きを予想

▲たて，よこの長さを入力

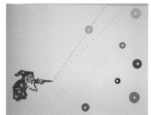
▲光線の発射

学習の流れ

● 導入

光線発射のプログラミングを知る。

① ペンをおろす。

② よこに（　　）すすむ。

③ 90 度左に回る。

④ たてに（　　）すすむ。

⑤ ペンをおろす。

⑥ 音を出す。

⑦ 90 度右に回る。

⑧ ①～⑦を 30 回繰り返す。

● 展開

（1）予想を立てる。

（2）数値を入れて，光線を発射する。

（3）外れたら数値を入れ直し傾きを変える。

● まとめ

「よこ」と「たて」の関係で気付いたことをまとめる。

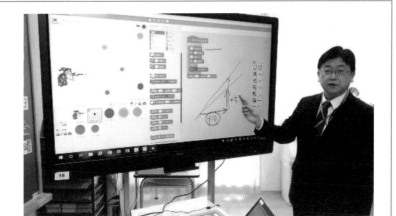

【授業のエピソード】

- 水平より下の風船をねらった時，数学を苦手としていた学園生から，自然にマイナスの数が出ていたのには驚きでした。
- 試行錯誤の結果，見事，風船に命中した時には思わず歓声が上がっていました。
- どの子も最後まで粘り強く取り組んでいたのが，特に印象的でした。

実践者：岡澤 宏

- 「よこ」の長さを固定し「たて」の長さを変えるようにすると調整がしやすいです。
- 入力した数値は必ず記録し，発射結果から傾きの修正に生かしていくとよいです。

■監修者

赤堀 侃司（あかほり かんじ）　東京工業大学大学院修了後，静岡県高等学校教諭，東京学芸大学講師・助教授，東京工業大学助教授・教授，白鷗大学教授・教育学部長を経て，現在，一般社団法人 ICT CONNECT 21 会長，一般社団法人日本教育情報化振興会名誉会長，東京工業大学名誉教授，工学博士など。専門は，教育工学。最近の主な著書は，「プログラミング教育の考え方とすぐに使える教材集」（ジャムハウス，2018)，「AI 時代を生きる子どもたちの資質・能力」（ジャムハウス，2019）など。

堀田 龍也（ほりた たつや）　東京学芸大学卒業。東京工業大学大学院で博士（工学）取得。東京都公立小学校教諭，富山大学教育学部助教授，静岡大学情報学部助教授，メディア教育開発センター准教授，玉川大学教職大学院教授，文部科学省参与等を経て，現在，東北大学大学院情報科学研究科教授，人間社会情報科学専攻専攻長。中央教育審議会委員。文部科学省の教育情報化関連政策で座長を歴任。

久保田善彦（くぼた よしひこ）　東京学芸大学大学院を修了後，茨城県内の中学校および小学校に 15 年間勤務する。その後，上越教育大学学校教育研究科，兵庫教育大学大学院連合学校教育学研究科，宇都宮大学教職大学院教授を経て，現在，玉川大学教職大学院教授。理科教育，教育工学，臨床教科教育学を専門としている。近年の主な研究は，協調学習におけるテクノロジ活用，理科における AR・VR 教材の開発と評価等である。研究の関心や業績は以下に詳しい。
http://www.kubota-lab.net/

■編著
　つくば市教育局総合教育研究所
　つくば市立みどりの学園義務教育学校
■執筆
　赤堀　侃司／東京工業大学名誉教授
　堀田　龍也／東北大学大学院情報科学研究科教授
　森田　充　／つくば市教育委員会教育長
　久保田善彦／玉川大学教職大学院教授
　毛利　靖　／つくば市立みどりの学園義務教育学校長（前つくば市教育局総合教育研究所長）
　中村めぐみ／つくば市教育委員会指導主事（情報教育担当）
　つくば市立みどりの学園義務教育学校全職員
■協力校
　つくば市内小中学校義務教育学校

【表紙・本文デザイン】
　株式会社リーブルテック AD 課

GIGA スクールで実現する新しい学び
　—1人1台環境での学力向上と全職員でのオンライン学習—

2021 年 1 月 18 日　第 1 刷発行
2021 年 4 月 3 日　第 2 刷発行

監　修 — 赤堀　侃司
　　　　　堀田　龍也
　　　　　久保田善彦
編　著 — つくば市教育局総合教育研究所
　　　　　つくば市立みどりの学園義務教育学校
発行者 — 千石　雅仁
発行所 — 東京書籍株式会社
　　　　　〒 114-8524　東京都北区堀船 2-17-1
　　　　　03-5390-7531（営業）／ 03-5390-7445（編集）
印刷所 — 株式会社リーブルテック